Die Berührung des Meisters

The Master's Touch

Über das Wesen des heiligen Lehrers
für das neue Zeitalter

Teil 2

Vorlesungen aus Assisi

Yogi Bhajan, Ph. D.

Meister des Kundalini Yoga

K.R.I. - Kundalini Forschungsinstitut 1997

Aus dem Amerikanischen übersetzt von
Dr. W. Splittstoeßer
Ardass Singh

Vorbemerkungen des Übersetzers

Als ich Yogi Bhajan vor Jahren in Hamburg zum ersten Mal traf, regnete es draußen in Strömen. Seine Sprache war und ist einfach und direkt, doch voller Humor. Seine Worte berühren das Herz.

Bei dem Bemühen, seine Vorträge zu übersetzen, hatte ich die Wahl, sein gesprochenes Wort in eine geschliffene, den geschriebenen Texten gewöhnlich eigene Sprache zu übertragen, oder der eher brüchigen, möglichst wörtlichen Übersetzung den Vorzug zu geben. Ganz bewußt habe ich mich dann für das letztere entschieden. Diese Sätze, die zum Teil so ungewohnt stockend fließen, scheinen mir am ehesten seinen Geist direkt zu übertragen. Denn jedes Mal, wenn wir uns über diesen oder jenen Satz, über diese oder jene Wendung wundern und dabei verweilen, öffnen wir unseren Geist und machen uns bereit, zu empfangen. Hunderte Male können wir so uns wieder und wieder öffnen und empfangen.

Zu diesem und jenem Punkt habe ich Yogi Bhajan befragt. Er hat mich stets aufs Neue ermutigt und ich bin dankbar, ihn meinen Lehrer nennen zu dürfen, vor dem ich mich in Demut verneige.

Ich danke Gott für diese Begegnungen und bete darum, daß alle Fehler und Unklarheiten, die in diesen Texten noch enthalten sind, dazu führen mögen, daß sie unzählige Male besprochen werden, und daß die ihnen zugrundeliegende Wahrheit dadurch noch klarer leuchten möge. Mögen wir alle in uns den Mut finden, bewußt die Verantwortung für unser Sein zu übernehmen, auf daß wir, unserem Vorbild getreu, andere ermutigen und ihnen zum Vorbild dienen können. Möge jeder Atemzug, jeder Gedanke, jedes Wort und jede Handlung voll des Segens sein. Mögen wir alle herausfinden, worin der Inhalt der Erkenntnis liegt: Du bist das Gebet Gottes.

Dr. W. Splittstoeßer
Ardass Singh Khalsa

Die Deutsche Bibliothek – CIP-Einheitsaufnahme

Bhajan <Yogʾi>:

Die Berührung des Meisters: über das Wesen des heiligen Lehrers

für das neue Zeitalter / Yogi Bhajan, Kundalini-Forschungsinstitut.

Aus dem Amerikan. übers. von W. Splittstoeßer (Ardass Singh).

Teil 2. Vorlesungen aus Assisi. – 1999

Kelkheim : Splittstoeßer

ISBN 3-934022-35-9

Impressum:

1. Auflage August 1999

Herstellung: Libri Books on Demand

© by Dr. Wulf Splittstoeßer

Die Berührung des Meisters: Über das Wesen des heiligen Lehrers für das neue Zeitalter, von Yogi Bhajan, Ph. D.

1. Auflage, Copyright 1997, K.R.I.

Herausgegeben vom Kundalini Forschungsinstitut, Postfach 351149, Los Angeles, CA 90035.

Kongreßbibliothek Kartennummer ISBN 0-97-73614

Projektkoordinator
Sat Kirpal Kaur Khalsa, Ph.D.

Herausgeber
Guru Raj Kaur Khalsa

Beratende Herausgeber
Shakti Parwha Kaur Khalsa
Ek Ong Kar Kaur Khalsa
Sat Kirpal Kaur Khalsa, Ph.D.

Übertragen von
Tej Kaur Khalsa

Querverweise
Tej Kaur Khalsa

Entwurf und Layout
Guru Raj Kaur Khalsa

Umschlagsentwurf
Konzept der Zeichnung von Yogi Bhajan, Ph.D.
Ausführung von Seva Kaur Khalsa
Berater: Soorya Kaur Khalsa
Technische Unterstützung: Pritpal Singh Khalsa

Abbildungen
Shabad Katir Khalsa

Korrektor / Verzeichnis
Pranpati Singh (John Ricker)

Aufnahme auf der Umschlagrückseite
Seva Kaur (Italien)

Die Videos wurden bereitgestellt von
Golden Temple Enterprises

Gedruckt durch
Bookcrafters

Widmung

Diese Arbeit ist all jenen gewidmet, die herausragen müssen und sich dem Zeitalter des Wassermannes mit ihrer Vorzüglichkeit stellen. Wir sind als spirituelle Wesen geboren, um eine menschliche Erfahrung zu machen. Wir sind nicht als Menschen geboren, um eine spirituelle Erfahrung zu machen.

Dies ist das Wassermann-Zeitalter und alle Vergangenheit muß der Zukunft begegnen. Die Menschen werden weise werden, intuitiv und bewußt, damit sie die Unterschiede zwischen Tratsch und Evangelium erfassen.

Es ist mein Verständnis und mein Gebet, daß diese Lehren und diese Übungen die schlafende Seele erwecken mögen, auf daß alle Glück erfahren. Glück ist ihr und sein Geburtsrecht in der sozialen, seelischen, körperlichen und spirituellen Welt.

Diese Lehren sind ein Teil der Goldenen Kette und gehören zu Guru Ram Das, dem Herrn der Wunder und dem Heiligen, der alle Bedürftigen durch seine gnädigen Taten schützt.

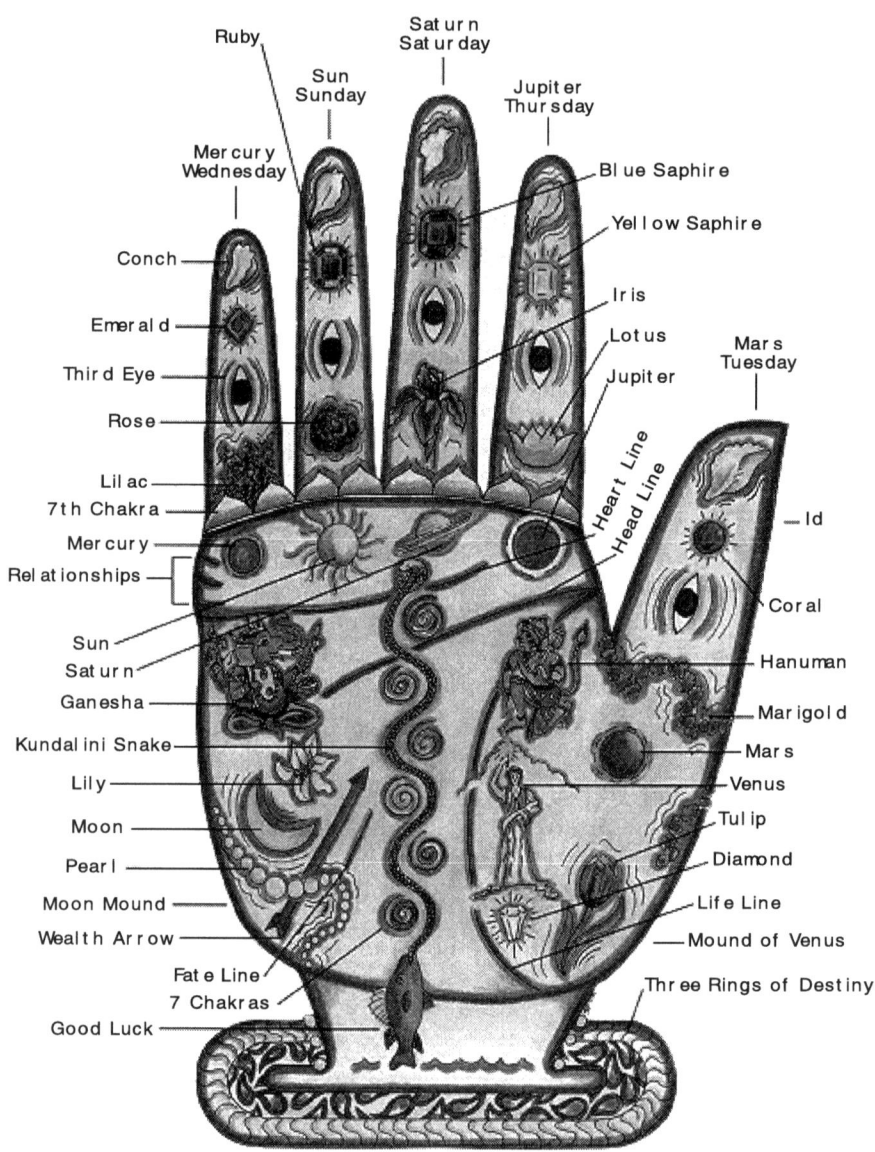

Ruby

Sun
Sunday

Saturn
Saturday

Jupiter
Thursday

Mercury
Wednesday

Blue Saphire

Yellow Saphire

Conch

Emerald

Iris

Third Eye

Lotus

Mars
Tuesday

Rose

Jupiter

Lilac

Heart Line

7th Chakra

Head Line

Mercury

Id

Relationships

Sun

Saturn

Coral

Ganesha

Hanuman

Kundalini Snake

Marigold

Lily

Mars

Moon

Venus

Pearl

Tulip

Moon Mound

Diamond

Wealth Arrow

Life Line

Fate Line

Mound of Venus

7 Chakras

Three Rings of Destiny

Good Luck

Die Hand des Kosmos:

Die Hand des Kosmos wurde von Yogi Bhajan für die The Master's Touch-Kurse entworfen und ist ein Zeichen des göttlichen Schutzes. Die Plazierung der Symbole ist sehr präzise. Jedes stellt bestimmte Qualitäten und Aspekte des Lebens in seiner Verbindung mit Körper, Verstand und Seele dar.

Conch
Meeresschnecke -Gesamtheit, Fluß des Lebens
Third Eye
Das Dritte Auge – Intuition, Weisheit

Mercury
Merkur – Kommunikation
Grüner Smaragd – Wohlstand
Flieder – Die Süße

Sun
Sonne – Leben
Ruby
Rubin - Sonne
Rose
Rose - Romanze

Saturn
Reinheit, Wissen, Frömmigkeit
Blue Sapphir
Blauer Saphier - Saturn
Iris - Reinheit

Jupiter
Jupiter – Wissen, Gnade, Reichtum
Yellow Saphire
Gelber Saphier - Jupiter
Lotus
Loutus - Reinheit

Mars
Mars – Herr des Sieges, Glück
Id
Es – Verbindender Faktor des Lebens: Seele, Körper und Geist
Coral (reddish)
Rote Koralle - Mars
Marigold
Ringelblumen – Sieg, Jubel
Mound of Venus
Venusberg - Liebe
Venus
Venus - Liebe
Tulip
Tulpe – Kreative Kraft, eröffnet Fortschritt, Erweiterung

Diamond
Diamant – Liebe

Moon Mount
Mondberg – Geist, Gedanken, Strategie, Planung, Phantasie, Ängste
Pearl
Perle - Kommunikation
Moon
Mond - Perle
Lily
Lilie - Kommunikation
Ganesha
Ganesha - Erfolg
Hanuman
Hanuman – Herr der Stärke
Kundalini Snake
Kundalini-Schlange – Die zentrale Kraft des Universums, Existenz

Heart Line
Herzlinie – Liebenswürdigkeit, Mitgefühl, Fürsorge
Head Line
Kopflinie – Stärke und Richtung des Verstandes
Life Line
Lebenslinie – Länge des Lebens, Atem oder Jahre
Fate Line
Schicksalslinie – Forderungen, die zu erfüllen sind

Relationships
Beziehungen – Interaktion auf sozialer, sexueller – und Empfindungsebene

Seven Chakras
Die sieben Chakren – Sieben Energiezentren
Seventh Chakra
Das siebte Chakra – Das zehnte Tor

Wealth Arrow
Pfeil des Reichtums - Wohlstand

Three Rings of Destiny-
Die drei Schicksalsringe – Wir existieren nicht ohne sie: Leben (Mut), Liebe (Wohlstand) und Glück (Mitleid)

Wir möchten den vielen Lehrern und Helfern danken, die an diesen ersten zwei Master's Touch-Kursen durch Vorträge, Veranstaltungen und allerlei Hilfsdienste zum Erfolg beigetragen haben.

Die folgenden Lehrer haben Klassen gehalten, die zur Stufe 1 KRI Lehrerausbildung angerechnet werden:

Gurucharan Singh Khalsa, Ph.D.

Guru Das Singh Khalsa

Satya Singh Khalsa

Immer bevor Sie diese oder irgendeine andere Übung des Programmes beginnen, konsultieren Sie einen Arzt. Nichts in diesem Buche soll als ein ärztlicher Ratschlag angesehen werden. Die Vorteile, die sich aus einer Praxis des Kundalini-Yoga ableiten, haben ihre Grundlage in einer Jahrhunderte alten yogischen Tradition. Die Ergebnisse werden mit den Ausführenden variieren.

Über den Autor

Seit dem Beginn der Geschichtsschreibung können wir verfolgen, daß eine Handvoll spiritueller Giganten als dynamische Katalysatoren für die Entwicklung des menschlichen Bewußtseins aufgestanden sind. Ihre Lebenswege, ihre revolutionären Lehren und ihre tatsächliche Anwesenheit auf diesem Planeten hat die Entwicklung von Millionen von Seelen beschleunigt. Solch ein Meister, ein Lehrer von Lehrern, ist Yogi Bhajan.

Als er im Dezember 1968 in den Vereinigten Staaten ankam, stellte Yogi Bhajan seine Mission sehr klar dar. Er sagte, „Ich bin gekommen, um Lehrer auszubilden und nicht um Schüler zu sammeln." Entschlossen, Führer und Lehrer auszubilden, die die Kraft haben sollen, die Menschheit zu heilen, zu erhöhen und zu erwecken, brach er die Tradition der Verschwiegenheit, die das Kundalini-Yoga für Jahrhunderte umgeben hatte, indem er es öffentlich lehrte.

Zum Zeitpunkt der Entstehung dieses Buches (1997) hat er nicht allein Tausende von Kundalini Yoga-Lehrer in der ganzen Welt ausgebildet, sondern es hat sich innerhalb der Hauptbevölkerung eine komplette Subkultur von Menschen gebildet, die seine Lehren anwenden. Die Bewegung wird „3 HO" genannt, (Healthy, Happy, Holy Organization), was eine Abkürzung ist für die Gesund, Glücklich, Heilig-Organisation, die er gegründet hat. Basierend auf seinem ersten Grundsatz, - glücklich sein ist dein Geburtsrecht, - haben Hunderttausende von Männern, Frauen und Kindern verschiedenster Herkunft die Techniken des Kundalini-Yogas angewendet und darin einen Weg gefunden, ohne Drogen, gesund, ausgeglichen, glücklich und erfolgreich zu leben.

Als Poet, Philosoph, Seher, Heiliger, Heiler, religiöser Führer, Berater, Künstler, Autor, Dozent und sogar als hervorragender Koch, ist Yogi Bhajan immer zuerst und am allermeisten ein Lehrer. Er hat über 30 Bücher veröffentlicht und seine Lehren sind in über 200 weiteren Büchern und Videos dargestellt. 1980 erlangte er den akademischen Grad eines Ph. D. in Psychologie der Kommunikation.

Er hat 19 Gesellschaften gegründet und ist die treibende Kraft in all diesen, die für dieselben Prinzipien eintreten, die er für das persönliche Wachstum lehrt. Zu diesen Geschäften gehören u.a. Computersysteme und Dienstleistungen, Sicherheitsdienste, Beratungsdienste und ein Postversandkatalog. Daneben gibt es ein weites Angebot von Naturkostprodukten, einschl. Getreide, Tees, kräuterheilkundliche Arzneien und Massageöle, die auf den Grundlagen seiner Rezepturen entwickelt sind.

Seit 1969 hat er unermüdlich seine Botschaft der Hoffnung und Inspiration gelehrt und in die Welt getragen, um Menschen in allen Lebenssituationen zu erreichen. Als Berater für Staatsmänner, Politiker und CEO's, als Vertrauter von religiösen Führern, von bekannten Persönlichkeiten und von einfachen Suchern ist sein Motto dasselbe, wie es auf der Rückseite seiner Visitenkarte gedruckt ist: „Wenn Du Gott nicht in allem sehen kannst, kannst Du ihn überhaupt nicht sehen".

Seine tiefe Einsicht, sein unendliches Mitgefühl und sein unermüdliches Diensttun brachten ihm sofort die Liebe der Seelen, die seine Kundalini-Yoga-Klassen in den späten 60ern und 70ern besuchten. Seine glühende Entschlossenheit, ihre Seelen zu erwecken und ihnen beizubringen, sich niemals mit weniger als dem Besten in ihnen zufrieden zu geben, hatte eine mächtige Wirkung. Er lehrte die Menschen wie sie den Zugang zu ihrem intuitiven Bewußtsein erreichen konnten und zeigte ihnen wie sie ein höheres Bewußtsein ohne den Gebrauch von Drogen erfahren konnten. Er lehrte sie, eine Zukunft für sich und ihre Familien zu begründen.1973 gründete er 3 HO SuperHealth [SM] das einzige ganzheitliche Programm seiner Art gegen Drogenmißbrauch, das von der Kommission für die Akkreditierung von Gesundheitsfürsorge-Organisationen anerkannt ist.

Yogi Bhajan ist ein ausgesprochener Meister im Bemühen um die Gnade und die Würde von allen Frauen. 1970 initiierte er die Gnade Gottes-Bewegung der Frauen von Amerika (GGMWA= Grace of God Movement of the Women of America). In seinen Vorlesungen und seit 1974 während eines jährlichen Sommerlagers für Frauen, fordert er die Frauen auf, ihre unabhängige Rolle als Frau anzunehmen. Er unterrichtet die Frauen hinsichtlich der Bedeutung ihrer einzigartigen Identität und wie sie damit sich selbst und ihre Beziehungen zu den Familien und der Karriere am besten dienen können. Er lehrt sie, wie sie durch ihre Gnade und Kraft die Verantwortung übernehmen können, zu führen, zu erhöhen und zu heilen.

1971 ehrten ihn die Führer seiner eigenen Sikh-Glaubensgemeinschaft mit dem Titel „Siri Singh Sahib" und übertrugen ihm die Rolle des obersten religiösen und administrativen Führers des Sikh-Dharma in der westlichen Hemisphäre, ihm die Verantwortung anvertrauend, das Sikh-Ministerium im Westen einzuführen.

Sein kompromißloser Aufruf an alle Zeitgenossen, aus dem selbstbegrenzenden Konzept des Separatismus auszubrechen und sich mit Offenheit und Liebe für alle vorwärts zu begeben, führte ihn immer dahin, sich mit den religiösen und spirituellen Führern zu treffen und den Weltfrieden zu fördern. Er hat im Weltparlament der Religionen gedient und ist Co-Präsident und Gastgeber von jungen Unity-Konferenzen, Konferenzen zur Einheit der Menschen. 1983 gründete er den internationalen Friedensgebetstag, dessen Gastgeber er alljährlich im Juni in Espanola, New Mexico (USA) ist. 1995 erhielt er den Mut-Bewußtseins-Preis der Friedensabtei in Massachusetts.

Yogi Bhajan wurde am 26. August 1929 als Harbhajan Singh Puri in Indien geboren. Während seiner Kindheit lernte er von seinem klugen und heiligen Großvater, der ihn im Alter von 7 Jahren zu einem spirituellen Lehrer schickte. Als er 16 1/2 Jahre alt war, erreicht er unter der unnachgiebigen Vormundschaft des großen Meisters Sant Hazara Singh die Meisterschaft im Kundalini-Yoga.

Während der Teilungskriege in Indien 1947 war er ein Teenager. Als sein Dorf ein Teil von Pakistan wurde, wurde ihm die Verantwortung übertragen, mehr als 1000 Menschen durch ein Land in ungeheurem Aufruhr in die Sicherheit nach Delhi zu führen.

Nachdem seine Familie sich in Delhi angesiedelt hatte, besuchte er die Punjab Universität, wo er das Master's degree in Wirtschaftswissenschaften erhielt und sowohl ein hervorragender Redner als auch ein Starathlet war. Er diente in der Verwaltung Indiens in der Steuer- und der Zollabteilung bis er in den Westen kam.

Seit 1953 ist er verheiratet mit Dr. Bibiji Inderjit Kaur, ist Vater von 3 Kindern und hat 5 Enkel.

Yogi Bhajan ist von Reichtum zu Armut und zurückgegangen während seines Lebens. Als ein Yogi und nicht berührt von den Gegensätzen, lebt er in seiner eige-nen Majestät und bestätigt mit absoluter Überzeugungskraft, daß alles Gott und Guru gehört, während wir alle ausschließlich die Hausverwalter sind. Sein Hauptwohnsitz liegt gegenwärtig in Neumexiko. Er ist stets mit allen Menschen verbunden, indem er alle Zeit mit ihnen in Liebe und Humor die Technologien teilt, so daß wir im Zeitalter des Wassermanns als erhöhte, strahlende, glückliche und gesunde Menschen leben können.

Vorwort

Dieses Buch enthält Vorlesungen und Meditationen, die Yogi Bhajan während seiner Master's Touch-Kurse im Juli 1996 in Espanola, New Mexico und im April 1997 in Assisi, Italien, gehalten hat. Sie sollen für alle Menschen auf einem spirituellen Weg, die danach suchen, neue Türen zu öffnen, um sich auszudehnen oder herauszufordern, als Ressource, als Werkzeug dienen. Yogi Bhajan erklärt auf den Master's Touch-Kursen die Wichtigkeit der spirituellen Disziplin beim Bemühen, den Herausforderungen des Lebens zu begegnen. Am allermeisten jedoch setzt er die Blaupause von dem, was es bedeutet ein Heiliger und spiritueller Lehrer des neuen Zeitalters, des Wassermann-Zeitalters zu sein.

Im Westen wird der Begriff des Meisters und die Beziehung zwischen Meister und Schüler gewöhnlich nicht verstanden. Sie ist begrenzt auf das, was Fernsehen oder Film darstellen. Diese übermitteln jedoch die alte, heilige und in vielen Kulturen für das spirituelle Wachstum essentielle Verbindung nicht genau. Im Westen wird der Begriff „Meister" lose dazu verwandt, einen Menschen von Genie anzuzeigen, der in einer bestimmten Kunstform oder Fertigkeit so geschickt geworden ist, daß niemand ihm oder ihr gleicht; man denke an einen Meisterhandwerker, einen Schachmeister oder einen Orchestermaestro. Wie auch immer, in den orientalischen Kulturen gibt es eine spezielle Überlieferung der Meister in der Kunst und Wissenschaft des Bewußtseins, d.h. Meistern der Kunst vom Leben selbst!

Solch ein Meister ist weder ein Philosoph noch ein Priester. Er oder sie ist ein Lehrer von Lehrern, ein Überträger derselben Beherrschung, die er oder sie erreicht hat. Ein Meister hat erfahren und in sein oder ihr Bewußtsein integriert, was zu Klarheit, Tiefe und Einsicht führt, so daß die Lehren eine tiefe Wirkung haben können.

Die Beziehung zwischen einem Meister und seinem Studenten ist die von einem Meißel und dem Stein in den Händen eines meisterlichen Handwerkers. Zu Beginn schlagen die Funken. Aber diese Reibung setzt das Potential des Kunstwerkes frei, daß in dem Stein enthalten ist.

Wenn jemand mit einem Meister studiert, können die Dimensionen des Lebens dramatisch wechseln, da die Person zu neuen Höhen der Selbsterkenntnis und Erfüllung aufsteigt. Diese Transformation ist es, die Studenten auf den Master's Touch-Kursen erfahren.

Im Gegensatz zu anderen östlichen Traditionen, wird beim Kundalini-Yoga die goldene Kette, das ist die Verbindung zum Lehrer, nicht durch Initiation, Einweihung eingerichtet. Yogi Bhajan hat erklärt, daß die Studenten des Kundalini-Yoga sich selbst initiieren, einweihen müssen, indem sie an Disziplin und Übung der Technologie festhalten. Und doch, hat er sich als Meister des Kundalini-Yoga allzeit für die Studenten verfügbar und zugänglich gehalten, um sie dahin zu führen, das Niveau der für ihr Wachstum notwendigen Hingabe zu erreichen.

Obwohl den Übungen des Kundalini-Yogas einschließlich der Atemtechniken (pranayam) und des Rezitierens von Mantra gewidmet wurde, lag das Herz dieser Kurse bei den Vorlesungen und Meditationen, die vom Meister des Kundalini-Yogas, Yogi Bhajan selbst unterrichtet wurden. Bei seinen Vorlesungen sprach Yogi Bhajan jeden Tag zwei bis drei Stunden über das Leben, über Yoga und über das Lehren in solch einer klaren und durchdringenden Weise, daß jeder Mensch sich transformiert fühlte. Seine Worte trugen ein spezielles Geschenk in sich; sie berührten die Psyche und die Seele von jedem einzelnen, indem sie Licht, Einsicht und Erhöhung des Geistes bewirkten.

Wahre Spiritualität, wahres Bewußtsein, ist nicht etwas, das gelehrt werden kann. Es ist eine Gnade, die letztlich das Bewußtsein des Studenten mit dem des Lehrers vereint. Dies war die Gnade, die gefühlt wurde.

Yogi Bhajan kann durchaus als einer der größten Lehrer aller Zeiten und sicherlich der Moderne aufgefaßt werden. Er unterrichtet im Geist einer langen und heiligen Tradition von Lehrern, der goldenen Kette, mit der tiefsten Verehrung für seinen eigenen Meister, der ihn vor über 50 Jahren in Indien lehrte. Als ein junger Mann hatte Yogi Bhajan begonnen, mit Meister Sant Hazara Singh, zusammen mit 252 anderen Studenten zu lernen. Nach drei Monaten waren nur noch 75 von ihnen übrig geblieben. Am Ende der rigorosen Ausbildung waren nur noch er und zwei andere Studenten übrig.

Die Aufgabe des Lehrers ist es, den Schüler herauszufordern, daß er oder sie die eigene Erfahrung ihrer Seele erreichen. Dies ist häufig kein bequemer Vorgang, da einzelne Facetten der Persönlichkeit des Studenten mit dessen Ego interferieren können. Des Meisters Aufgabe ist es nicht, freundlich zu sein oder zu verwöhnen. So wie Yogi Bhajan erklärt hat, muß der Lehrer das Ego anstoßen, es zu einer Reaktion provozieren, es mit seinen eigenen Grenzen konfrontieren und dann, was am wichtigsten ist, es erheben. Einzig ein wahrhaftiger Meister kann den Schüler den ganzen

Weg durch diesen Prozeß führen, weil er selbst durch diese Erfahrung gegangen ist. Der äußerste Akt des Mitgefühls und der Selbstlosigkeit für einen Meister ist es, einen anderen Meister zu schaffen.

Das ist alles über Yogi Bhajan. Das ist alles über die Master's Touch-Kurse.

Inhaltsverzeichnis

Vorlesungen in Assisi

Die Berührung des Meisters

Auszüge und Meditationen

aus den Vorlesungen in

Assisi

April 1997

The Teachers Oath

I am not a Woman
I am not a Man
I am not a Person
I am not Myself
I am a Teacher.

Der Eid des Lehrers

Ich bin keine Frau
Ich bin kein Mann
Ich bin keine Person
Ich bin nicht ich selbst
Ich bin ein Lehrer.

Liebe durch Dienst

KLASSE 1 vom Morgen des 21. April 1996

*Für uns spielt es keine Rolle, ob ihr ein Mann oder eine Frau seid,
jung oder alt, schön oder häßlich, ob ihr Franzosen, Deutsche,
Norweger oder irgendetwas seid. Ganz am Anfang will ich euch
bitten, eure Vorurteile fahren zu lassen und sich an den Eid des
Kundalini-Yoga-Lehrers zu erinnern.*

Für uns spielt es keine Rolle, ob ihr ein Mann oder eine Frau seid, jung oder alt,
schön oder häßlich, ob ihr Franzosen, Deutsche, Norweger oder irgendetwas seid.
Ganz am Anfang will ich euch bitten, eure Vorurteile fahren zu lassen und sich an
den Eid des Kundalini-Yoga-Lehrers zu erinnern.

Es spielt gar keine Rolle, wieviel ich euch lehre, und wieviel ihr lernt, die Rolle
eines Lehrers ist es, eine andere Person zu erhöhen. Ein Lehrer arbeitet durch die
Körpersprache. Er arbeitet durch sein Schauen. Er arbeitet durch sein Wort. Ein
Lehrer ist nicht derjenige, der den Abstand zum Schicksal abdeckt – er schreibt das
Schicksal neu.

Dieser Kurs spiegelt die zweite Seite der Lehre wider, die ich für 28 Jahre
verborgen gehalten habe. Ich bin nicht hierher gekommen, um Schüler zu sammeln
oder eine Religion zu gründen. Das war nicht meine Absicht.

**Am 11. November 1991 ging das Fische-Zeitalter zu Ende und das
Wassermann-Zeitalter begann.** Dazwischen liegen 21 Jahre des Übergangs,
während dieser Zeit werdet ihr einen Wechsel erkennen. Die Mehrheit der Menschen
wird wild werden. Die Zeichen und Symptome sind die folgenden: Die Menschen
werden überzeugend, streitsüchtig und negativ. Zum zweiten werden die Menschen
eine Menge Unglück in ihrem Herzen empfinden, ungeachtet der Tatsache, daß alles
normal ist. Zum dritten werdet ihr eine tiefe Einsamkeit empfinden. Als viertes werdet
ihr müde sein. Müde wovon? Müde vom Essen, müde vom Leben, müde von der
Müdigkeit. Die Grundlage hat gewechselt – das Wassermann-Zeitalter unterscheidet
sich vom Fische-Zeitalter. Im Fische-Zeitalter galt, „Ich will wissen. Nimm mich wie es

möglich ist oder ich gehe dahin, wo ich es kriege." Im Wassermann-Zeitalter gilt, „Ich will Erfahrung, ich habe Wissen." Das ist das Gegenteil.

Das ist es, was passieren wird. Ob ich lebe oder nicht spielt keine Rolle. Ich habe meine Arbeit getan. Die Leute werden euch auf der Straße greifen und sagen, „Hilf mir." Es mag sein, daß ihr nicht ihren Namen kennt, daß ihr nicht wißt, wer sie sind. Sie kennen auch euren Namen nicht, sie werden nicht wissen, wer ihr seid. Aber Tatsache ist, daß sie euren Strahlenkörper sehen können, und daß sie zu euch hingezogen sind, wie Eisen zum Magneten. Ihr werdet nicht wissen, was ihr tun sollt. Manchmal werdet ihr versuchen etwas zu sagen, manchmal werdet ihr davonlaufen. Da gibt es nichts Gutes oder Schlechtes, was ihr tun könnt. **Das einzige was ihr tun solltet, ist zu tun, was ich tue. Ich halte einfach die Hand der Person und alles was ich sage ist„„Du bist der Herr der Wunder. Ich kann nichts tun. Hilf dieser Person." Ich sage nicht, daß ich sehr rein und sehr heilig bin – ich kümmere mich nicht darum ein Heiliger zu sein oder rein. Aber es passiert im selben Moment. Und das ist es, was ihr tun müßt, um euch selbst zu schützen.**

Ihr habt die ganzen Jahre über gesungen, „God and me, me and God, are One – Gott und ich, ich und Gott sind eins", ohne die Bedeutung zu verstehen. Jetzt ist die Zeit, sie zu verstehen. Eure Reinheit und eure Frömmigkeit werden funktionieren. Da gibt es kein anderes Wunder. Jeder Mensch hat Länge und Breite, aber in dem Moment, in Zeit und Raum, wenn ihr eine Höhe und eine Einstellung habt, gewinnt ihr. Wenn ihr das vergeßt, verliert ihr. Da gibt es kein anderes großes Wunder.

Wir sollten lernen, unsere Negativität zu zügeln. Gott hat euch den negativen Geist einfach darum gegeben, daß ihr sehen könnt, wo ihr Gefahr lauft, beschädigt zu werden. Gott hat euch den negativen Geist nicht gegeben, negativ zu werden. Da gibt es noch zwei andere Kräfte auf dieser Erde – eins ist der Hebel, eins die Linse. Der Hebel einer Person ist das Wort, und die Linse der Person ist seine Intuition.

Ich sitze höher als ihr, weil ich gelernt habe und ihr am Lernen seid. Das ist der einzige Unterschied. Ihr werdet morgen so machtvoll sein, wie ich es heute bin. Viel mehr ist es die Regel, daß ihr zehnmal kräftiger sein solltet als ich. Dann könnt ihr der Flut der Schüler standhalten. Während all dieser Tage werdet ihr mich hassen, das weiß ich. Da gibt es keinen anderen Weg, wenn einige der Übungen sehr schmerzhaft sind. Aber während dieser Zeit, müssen wir unsere inneren Kanäle neu erbauen, eure Projektion neu erbauen und euer Ego angreifen. Den letzten Teil werdet ihr nicht mögen, weil ihr immer noch das Spiel spielt, „Die Erde gehört mir." Sie tut es nicht. Sie hat es nie getan. Der Eine, der die Erde dreht, wird sich um eure täglichen Angelegenheiten kümmern. Keiner von euch ist ein Weiser, keiner von euch ist arm, keiner von euch ist wahnsinnig oder beklagenswert. Öffnet euch einfach, so daß ihr alles bekommen könnt, was da ist. Schließt euch und alles wird fortlaufen.

Ihr wißt, daß dies ein Kloster von St. Franziskus ist. Er sah alle Dinge als Gott – insbesondere die Vögel. Das ist es was er sah. Denkt an einen Metzger, der jedes Tier tötet und dann denkt an diesen Mann, auf dessen Schultern unzählige Vögel saßen, wohin immer er auch ging. Diese Vögel haben seine Unschuld verstanden. In der gleichen Weise, wenn ihr also unschuldig seid, werden die Schüler, die die Sprache des Lichtes lernen wollen, zu euch kommen, euch lieben, euch umarmen, euch anbeten. Gerade so wie die Vögel kamen und sich auf seinen Kopf setzten. Wißt ihr was er getan hat? Auf der Mitte des Kopfes hat er das Haar abrasiert, damit die Vögel einen besseren Sitzplatz haben sollten. Solange das Haar darauf war, pflegten sie rechts uns links herunterzufallen. Das war seine Art und Weise zu sagen, „Ihr seid besser als ich. Kommt, setzt euch her." Manchmal pflegte er Stunde um Stunde so zu wandern. Glaubt ihr er war verrückt? Nein. Er ist ein Heiliger und ihr seid es nicht. Das war sein Geist.

Ihr müßt die geistige Kraft haben, jedermann willkommen zu heißen. Wenn ihr auf dem Richtplatz sitzt, sollt ihr in Unsicherheit sitzen. In dem Moment, wo ihr unsicher seid, seid ihr verloren, seid ihr gekocht, macht ihr keinen Sinn. Weil ihr euch selbst einschränkt, macht ihr euch selbst klein. Unsere Art und Weise zu leben, ist die unendliche Weite und Liebe durch das Dienen.

Dies ist der Körper – durch seine Berührung, seinen Blick, seinen Ausdruck seid ihr im Begriff die Welt zu heilen. Wenn dieser Körper nicht die unbegrenzte Stärke hat zu erheben, wird es nicht funktionieren. Täuscht euch nicht selbst. Was ihr braucht, ist die Stärke eurer Seele und eurer Entschlossenheit. Laß uns sehen, ob wir im Gleichgewicht sind oder nicht.

Meditation für den Segen

Teil I:

Mudra: Sitze im Schneidersitz mit einem geraden Rücken, das Kinn angezogen, die Brust gestreckt.

Position der Hand: Beuge den vierten und fünften Finger in die Handfläche und halte sie dort mit dem Daumen. Strecke den Zeige- und Mittelfinger geradeaus. Strecke die Arme zu den Seiten, ohne daß du die Ellenbogen beugst. Dabei weist die rechte Handfläche nach oben und die linke Handfläche nach unten. Halte die Hände in Schulterhöhe, die Arme parallel zum Boden.

Augen: Blicke auf deine Nasenspitze.

Musik: Wahe Guru, Wahe Guru, Wahe Guru, Wahe Jio von Giani Ji. (YB nimmt auf dieses Band bezug, indem er es das „Paris-Band" nennt.)

Zeit: 11 Minuten.

Ende: Einatmen, die Luft anhalten, und auf alle Wirbel der Wirbelsäule konzentrieren. Dabei sollen die Wirbel, vom unteren Ende der Wirbelsäule beginnend und nach oben zum Nacken fortschreiten, feste an ihren Platz gezogen werden. Halte den Atem 20 Sekunden. Kanonenfeuer-Ausatmung. Wiederhole das dreimal, während du die Lungen bei jedem Einatmen weiter dehnst, und das Rückgrat mit aller Kraft anspannst. Entspann dich.

Kommentare/Wirkungen: Die Wirbelsäule darf sich nicht bewegen. Während du auf die Nasenspitze schaust, wird die Stirn sich wie Blei anzufühlen beginnen. Dieser Druck hilft, das Frontalhirn, das die Persönlichkeit kontrolliert, zu entwickeln. Geh einfach da durch und erobere den Schmerz. Die Hände müssen mit der Wirbelsäule im Gleichgewicht sein, weil du mit diesen Händen heilen wirst. Du brauchst diese Berührung, also laß die Energie fließen. Die Worte, die ihr singt, bedeuten, „Gott, führe mich aus dem Dunkel ins Licht." Das ist eine Bestätigung, ein Gebet. Wenn die Übung sehr schmerzhaft wird, versuch einfach mit dem Band zu singen, die Worte nachzumachen. Das kann helfen. Halte die Arme im Gleichgewicht, die Wirbelsäule gerade und strecke die Arme gespannt nach außen – das wird es leichter machen. Halte die Position auch in den letzten 2 Minuten perfekt – das ist eine sehr kritische Zeit.

Teil II:

Mudra: Strecke die Arme mit durchgestreckten Ellenbogen gerade nach vorne vor den Körper. Halte die Hände flach, wobei die Handflächen nach unten zeigen und die Daumen jeweils zur anderen Hand weggestreckt werden. Die Spitzen der Daumen berühren sich. Halte diese Position und hebe die Arme um 30 Grad. Hebe sie aus den Schultern heraus. Halte diese Stellung, als wenn die Arme Stahlträger wären.

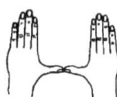

Augen: Geschlossen.

Musik: Prabh Joo To Keh Laaj Hamaaree von Meister Darshan Singh. Das bedeutet, „Gott komme durch und komme durch für mich. Oh mein Gott, rette meine Ehre."

Zeit: 9 Minuten.

Ende: Atme tief ein, strecke die Arme, starre nach vorne und mach sie so hart, als ob Stahlträger von deinen Schultern durch sie hindurchlaufen. Halte diese Position 20 Sekunden. Atme aus. Wiederhole das ganze und halte den Atem für 13 Sekunden bei jedem Mal. Entspann dich.

Kommentare/Wirkungen: In dieser Position segne die Erde. Segne alles. Ihr müßt lernen zu segnen. Als ein Lehrer, seid ihr die Segnung, und euer Segnen muß funktionieren, anderenfalls werden eure Schüler euch nicht trauen. Segnet, segnet gnadenvoll. Fühlt die heilende Energie durch eure Hände fließen. Haltet die Konzentration stetig. Seid achtsam darauf, daß der Winkel in der richtigen Höhe bleibt, und daß die Ellenbogen gestreckt sind.

ℰ

Segnet die Erde. Segnet alles. Ihr müßt lernen zu segnen. Als ein Lehrer, seid ihr die Segnung und eure Segnung muß funktionieren, andernfalls werden eure Schüler euch nicht trauen. Segnet und segnet gnadenvoll.

Teil III:

Mudra: Sitze aufrecht, das Kinn angezogen, die Brust gestreckt. Lege die linke Hand flach auf deinen Nabel, wobei die Finger nach rechts zeigen. Halte die rechte Hand in der Nähe der rechten Schulter. Die Handfläche weist nach vorne, die Finger zeigen nach oben.

Musik: Das Band Rhythms of Gatka von Matamandir Singh.

Mantra: Beginne das Mantra *Har* auf eine fortlaufend, monoton gesprochene Art und Weise zu rezitieren – etwa einmal pro Sekunde. Presse es gleichsam sehr fest auf die Hand, bei jedem Mal, wenn du das *Har* rezitierst. Mache das sehr kraftvoll.

Augen: Blicke geradeaus, parallel, mit einem perfekten *Tratika*-Auge – d.h. blicke nicht links oder rechts.

Zeit: 3 1/2 Minuten.

Ende: Atme ein und mach sofort mit Teil IV weiter.

Kommentare/Wirkungen: Denk darüber nach, was du sein willst. Willst du aufrecht laufen, willst du die Menschen segnen, willst du freundlich sein, mitfühlend und liebevoll? Kannst du einen Gegner lieben? Wenn du deinen Gegner nicht lieben kannst, haßt du dich immer noch selbst. Wenn du nicht jemandem helfen kannst, der dich braucht, bist du immer noch arm. Wenn du nicht den Arm ausstreckst, um zu dienen, kannst du nicht dienen, und hast ein grundlegendes geistiges Problem. Du bist klein. Wenn jemand dir vertraut, und du verrätst ihn, lügst oder betrügst sie, wirst du niemals dem Zorn der Natur entgehen. Durch diese Übung ermögliche ich es der Energie von 2,7 Megahertz auf 3 bis 3,2 Megahertz zu gelangen. Das ist das Maximum, was ich tun kann. In der Laiensprache ausgedrückt, bringen wir euch von einem Drittel eurer Existenz auf zwei Drittel eurer Existenz.

Teil IV: (Mit einem Partner durchzuführen)

Mudra: Sitze einem Partner gegenüber und lege die rechte  Handfläche an die rechte Handfläche des Partners. Beide gebrauchen die gleiche Menge Druck, so daß die rechten Hände in der Mitte zwischen den beiden gehalten werden. Plaziert die linke Handfläche flach über dem Nabelpunkt. Beginnt, bei jedem Mal *Har*, damit auf den Nabelpunkt zu drücken, genauso wir ihr es im Teil III, weiter oben, getan habt. Wenn du keinen Partner hast, stelle dir vor, daß du vor einem Partner oder einer Partnerin sitzt.

Augen: Blicke geradewegs in das kleine Zentrum des Auges der Person gegenüber. Fühle, daß ihr euch dort verbindet.

Band: *Rhythms of Gatka* von Matamandir Singh, ein Trommelband.

Mantra: Beginnt das Wort „Har" auf eine fortlaufende, monotone Art und Weise zu rezitieren, so wie ihr es im Teil III getan habt. Der Klang soll jeweils mit einem kräftigen Stoß der Hand vom Nabel ausgehen. *Har* wird mit einem kurzen Klang der Zunge und nicht der Lippen gebildet, praktisch ohne einen Vokal.

Zeit: 1 Minute.

Ende: Atme tief ein und geht sogleich weiter zu Teil V.

Teil V: (Mit einem Partner auszuführen)

Mudra: Bleibe in der gleichen Position wie bei Teil IV, aber schließe deine Augen.

Atmung: Lang und tief.

Fokus: Geh in eine tiefe Meditation. Erreiche die Himmel in dir. Werde absolut gedankenleer, und hypnotisiere dich selbst in die totale Energie Gottes.

Musik/Zeit:
20 1/2 Minuten mit dem Band „Sat Nam Wahe Guru #3" von Lata Mangeskhar, bekannt als die Nachtigall von Indien.
7 Minuten mit „Flowers in the Rain" von Guru Das Singh aus Spanien auf der Gitarre gespielt.

Ende: Entspann dich.

Kommentare/Wirkungen: Nach dieser Meditation muß du eine Menge Zitronenwasser trinken um das, was durch diese Meditation gelöst wurde, zu reinigen. „Die Kerne der Blutkörperchen haben ihre Negativität verbrannt. Wenn ihr jetzt eine Menge Zitronenwasser trinkt, werdet ihr all den Schmutz ausscheiden."

Teil VI:

Sei offen, sei ehrlich. Es ist eine Sache zwischen dir und Gott in dir. Erwecke deine Heiligkeit. Es ist dein inneres Gebet für dich selbst. Aber denke daran, suche nichts Negatives, weil diese Energie damit in Widerspruch steht.

Musik: *Ardas Bhaee* (Im Unterricht wurde die Instrumentalversion gespielt, wobei die Heiler stehend laut sangen, und alle übrigen saßen und sangen.)

> Ardaas Bhayee, Amar Daas Guru, Amar Daas Guru, Ardaas Bhayee.
> Raam Das Guroo, Raam Daas Guroo, Raam Daas Guroo, Sachee Sahee.

> Singe laut und klar. Konzentriere dich. Singe meditierender Weise für 3 Minuten.

Ende: Setz dich nieder und meditiere darüber, was du wünschst. Sei offen, sei ehrlich. Es ist eine Sache zwischen dir und Gott in dir. Meditiere auf ehrenhafte Weise, was du fühlen willst, sei zu fühlen; was du wissen willst, sei zu wissen; was du sein willst, sei. Suche es nicht außen. Schließe einfach deine Augen, gehe nach innen und suche es. Denke daran, suche nicht das Negative, weil diese Energie damit im Widerspruch steht. Konzentriere dich. Es ist ein inneres Gebet für dich selbst. Gebäre dich selbst neu. Erwecke deine Heiligkeit (2 Minuten).

Teil VII:

Mit jedem Atemzug des Lebens senden wir eine Botschaft. Du mußt diese Botschaft in die Tiefe deines Herzens kopieren. Diese Meditation ist zwischen dir und Gott. Und Gott ist innendrin, nicht draußen. Konzentriere dich tief auf die Worte, fühle es, wisse es, sei es.

Musik: *Every Heartbeat* von Nirinjan Kaur. Meditiere mit diesen Worten über deine innere Tiefe. Dieses Lied enthält das Mantra: *Aad Sach, Jugaad Sach, Haibay Sach, Naanak Hosee Bhay Sach.*

Zeit: 3 1/2 Minuten.

Teil VIII: (In der Gruppe ausgeführt)

Lernt dieses Mantra auswendig. Die Kraft dieses Mantras ist:
Manchmal, wenn ihr Hilfe braucht, haltet die Hand eines anderen Menschen,
und singt das Mantra allein in eurem Geist.
Erschreckend, genau da und im selben Moment, werdet ihr es sehen wie es
funktioniert!

Wenn du Ehemann bist, hilf deiner Frau, hilf deinen Kindern, hilf deinen Nachbarn, hilf deinen Schülern und hilf deinen Verwandten. Werde lebendige Hilfe und die Reinheit Gottes soll aus dir wirken. Hebe dich selbst über das Problem und das Problem wird vergangen sein. Ihr müßt meine praktische Erfahrung verstehen. Ich bekomme all die negativen Nachrichten, die Probleme und die Mißstände. Ich habe eine Antwort. „Gott, dieser Mensch hat sich nach mir ausgestreckt in deinem Namen. Jetzt geh du hin und löse es." Das ist die Sehnsucht des Herzens. Sobald ihr dieses meditative Herz habt, werdet ihr überrascht sein, wie dieser allmächtige, allgegenwärtige, allwissende Gott für euch ohne Bezahlung arbeitet. Sobald ihr diesen einen Gedanken habt, werden alle Dinge geebnet sein.

Haltet euch gegenseitig bei den Händen, einfach so, als wenn ihr euch helfen würdet. Bildet eine endlose Kette. Arbeitet zusammen. Jetzt, wartet was passiert. Traut nicht einfach meinen Worten, fühlt es selbst. Sitzt meditierend da und geht da durch. Haltet die Hände und seht, für euch selbst, nicht für mich, nicht für irgendjemanden sonst, sondern für eure Erfahrung, so daß ihr es morgen wissen könnt.

Musik: *The Mantra of the Age of Aquarius* von Yogi Bhajan. *The Aquarian March* von Nirinjan Kaur.

Sat Siri, Siri Akaal, Siri Akaal Maahaa Akaal.
Maahaa Akaal Sat Nam, Akaal Moorat. Wahe Guru.

Mudra: In der Klasse wurde eine Kette aus den Leuten gebildet, die sich im Sitzen bei den Händen hielten.

Zeit: 3 Minuten.

Ende: Atme ein, halte den Atem, lege beide Hände flach auf die Brust, die linke unten, die rechte oben. Presse dann die Hände fest auf den Brustkorb und verteile dabei im Geiste die Energie in alle Gewebe des Körpers. Halte die Luft 15-20 Sekunden an. Kanonenfeuer-Ausatmung. Wiederhole das ganze dreimal. Entspann dich.

Gehöre dir selbst-
dann wird Gott dir gehören

KLASSE 2 vom Abend des 21. April 1997

Solange ihr nicht glaubt, daß ihr euch selbst gehört, warum sollte Gott dann zu euch gehören? Der Mensch, der nicht zu dem Menschen darinnen gehört, und den Menschen darinnen respektiert, wird im Chaos sein.

Das Leben ist ein Geschenk. Ein Geschenk ist ein Geschenk, gleichgültig, ob es ein gutes oder ein schlechtes Geschenk ist. Leben könnt ihr nicht kaufen, Leben könnt ihr nicht verkaufen, ihr könnt nichts damit tun – es ist ein Geschenk. Wenn ihr einen Preis für ein Geschenk ansetzt, dann beginnt eure Tragödie, dann beginnt eure Unbequemlichkeit, und vom Himmel gleitet ihr in die Hölle. Niemand will einen Preis an ein Geschenk heften. Vielmehr ist es so, daß die Menschen, wenn sie schenken, das Preisschild entfernen. Ein Geschenk kommt von Herzen, nicht aus dem Kopf.

Ihr könnt nicht sagen, „wir vertrauen auf Gott." Das gehörte zum Fische-Zeitalter. Jetzt habt ihr zu sagen, „ich verweile in Gott." Jetzt könnt ihr nicht sagen, daß dieser Körper zu verkaufen sei und sein Design, um einen Käufer anzuziehen. Ihr müßt sagen, „Dieser Körper ist der Tempel meines Gottes in mir." Die Achtlosigkeit, die Unhöflichkeit, die Beleidigung und der Mißbrauch, den ihr eurem Körper antut, ist total, absolut ungewollt, ungebraucht und unmenschlich. Der Körper war euch als Geschenk, passend zu der Reise, an den Ort eurer Bestimmung, gegeben. Ein Regentropfen nimmt seinen Anfang. Er muß den Ozean erreichen. Selbst wenn er es nicht will, was macht das. Er bleibt in verschiedenen Teichen und an unterschiedlichen Plätzen stecken. Das ist alles okay, aber solange er nicht wieder in den Ozean gelangt, wird er nicht wieder ein Regentropfen werden. Der Kreislauf muß geschlossen sein.

Ihr wollt Lehrer sein. Dann müßt ihr euch über alle Menschen erheben. Dann müßt ihr euch ebenfalls über euch selbst erheben und alles wird kleiner. Die Dinge, die größer werden, sind die Antwort auf den Ruf der Pflicht. Nehmt an, ihr geht in das Büro. Alles worauf es in dem Büro ankommt, ist, wie gut ihr arbeitet.

Die Tragödie in eurem Leben ist, daß eure versteckte Arglist, den einen oder anderen Tag ans Licht kommen wird. Und vertraut mir, wenn der andere Mensch wissen wird, daß ihr eine versteckte Absicht habt, ist die Beziehung vorüber. Ihr versucht, clever zu sein, ihr versucht Dinge zu verstecken. Gut, für einige Tage, für einige Monate oder für einige Jahre könnt ihr erfolgreich sein. Darum ist der einzige Weg, mit dem ihr leben könnt, aufrecht zu leben. Erlaubt es nicht, daß eure innere Seite sich von der äußeren unterscheidet. Es gibt keine Neurose. Das ist die versteckte Absicht, die ihr nicht länger kontrollieren könnt. Dann werdet ihr herausfinden, wie sie zu verschiedenen Zeiten hervorbricht. Das läßt das Glück des Lebens verdampfen. Aber, technisch ausgedrückt, wenn euer Fluß in Ordnung ist, ist alles gut.

Ich weiß nicht, ob ihr als Lehrer von morgen das versteht oder nicht. Wenn ihr es nicht versteht, werdet ihr niemals Lehrer sein. Für mich gibt es keine Amerikaner, keine Deutschen, keine Japaner, keine Franzosen, keine Inder. Ich bin ein Lehrer, und darum ist der Mensch vor mir ein Schüler. Ich bin ein Mensch, sie sind Menschen. Jemand hat mich berührt; es wird von mir erwartet, sie zu berühren. Jemand hat mich gelehrt; es wird von mir erwartet, sie zu lehren. Wenn es nicht für den Irgendjemand gewesen war, müßte ich ein Idiot gewesen sein. Darum sollte ich keinen Idioten dulden. Jemand tat sein Bestes, hat mich herausgemeißelt, und machte mich zu solch einem schönen Mann. Es wird von mir erwartet, dasselbe zu tun. Das ist nicht immer leicht. Die Menschen mögen es nicht, kritisiert zu werden. Die Menschen mögen es nicht, behauen zu werden. Die Menschen mögen es nicht, gleichsam zermahlen zu werden. Genauso wenig mögen sie es, geführt und angetrieben zu werden.

Warum meditieren wir? Diese Gedanken, die das Unterbewußtsein, das Es entläßt; mit einigen gehen wir um, mit anderen nicht. Diejenigen, mit denen wir nicht umgehend, wechseln ins Unbewußte. Meditation ist nichts anderes als ein selbstinduzierter, hypnotischer Traum. Die wirkliche Übersetzung von Meditation ist; „Selbstinduzierter hypnotischer Traum, in dem du dein Unterbewußtes reinigst."

Wenn jemand sagt, „Ich hatte einen Traum von diesem, ich hatte einen Traum von jenem," kommen die Dinge, von denen ihr träumt, tatsächlich aus dem Unterbewußten. Und dann habt ihr das Tagträumen, ihr habt das Nachtträumen, ihr habt die Alpträume. Die tauchen auf, wenn das Unterbewußte sich in das Unbewußte zu entladen beginnt.

Wenn ihr meditiert, tut ihr niemandem einen Gefallen, und es wachsen euch auch keine Flügel aus dem Achseln. Es wird euch einfach helfen, eine selbstkontrollierte Person zu sein. Es wird einfach bedeuten, daß die Menschen euch respektieren, euch trauen und euch mögen. Ihr werdet keine gespaltene Persönlichkeit haben, und eure Worte werden genau das bedeuten, was ihr sagt. Das ist alles. Das ist kein großes Wunder. Wenn ihr nicht meditiert, werdet ihr euch gegenüber nicht wahrhaftig sein.

Wenn ihr zu Menschen sagt, „ich liebe Dich," meint ihr eigentlich zu der anderen Person, „bewege Dich nicht." Was bedeutet mehr Probleme als das? „Beweg Dich nicht. Ich liebe dich." Wenn ihr sagt, „ich liebe Dich," dann habt ihr nichts anderes zu sagen. Liebe ist richtig, falsch, hat keine Wertung, hat kein Territorium, hat kein Reich, hat kein Ende – ist unendlich. Aber wenn eure Liebe nicht unendlich ist, ist sie absichtsvoll, oder sie ist zum Vergnügen oder hat ein Ziel, eine Projektion, denn das Wort zum Fischen zu benutzen heißt nicht lieben. Das ist es, warum wir heute lieben und morgen nicht. Heute lieben wir „A", dann lieben wir „B", dann lieben wir „C", dann lieben wir „D". Ihr liebt euch selbst nicht, darum wißt ihr nicht was Liebe ist. Wenn ihr euch selbst liebt, wenn ihr euch selbst fühlt, dann könnt ihr den Schmerz und die Freude des Universums wahrnehmen. Dann werdet ihr niemandem weh tun. Dann könnt ihr Jude oder Christ sein. Andererseits seid ihr weder Jude noch Christ, weil die Gebote sagen, „Du sollst nicht töten." Sie sagten nicht, „Du sollst nicht töten – aber koscher-töten ist okay."

Da gibt es zwei Dinge, die ihr in eurem Leben niemals tun sollt: Lügt niemanden an und habt keine versteckte Absicht, während ihr sprecht. Denn wenn der andere Mensch herausfindet, daß ihr gelogen habt, ist eure ganze Lehrerschaft aus dem Fenster. Wenn die andere Person fühlt, daß das was ihr sagt, eine Absicht hatte, habt ihr nicht nur einen Freund verloren, sondern einen Feind geschaffen. Das sind einige essentielle Dinge im Leben, um uns glücklich zu machen. Glück ist euer Geburtsrecht.

Ihr könnt einen Menschen nicht als Menschen sehen. Entweder ist ein Mensch schwarz, oder braun, oder Heide, oder voll Glauben, oder loyal, oder er gehört zu Allah, oder Yallah, oder Ballah. Gott weiß es. Ein Mensch ist ein Mensch. Ein Mensch gehört zu den Menschen im Menschen. Ein Mensch gehört nicht zu einem Ding oder irgendjemandem. Wenn ihr nicht dem Menschen in euch gehört, gehört ihr nicht der Menschheit an, und werdet euch nicht der Klarheit erfreuen, die das euch sonst geben würde.

Es ist genauso wie mit Eltern. Der Himmlische Vater und die Mutter Erde haben euch durch die irdischen Eltern geboren. Sie nähren euch, trainieren euch, tun ihr Bestes. Aber am Ende seid *ihr* es, die verantwortlich sind. Ihr könnt nicht euer ganzes Leben im Elternhaus verbringen. Ihr könnt euch nicht in einem Wandschrank verstecken. Das ist das Leben. Ihr gehört nicht zu Gott – Gott gehört zu euch. Aber Gott wird nur dann zu euch gehören, wenn ihr euch selbst gehören werdet. Wenn ihr nicht glaubt, euch selbst zu gehören, warum sollte Gott dann zu euch gehören? Die Person, die nicht der Person im Inneren gehört, und die Person im Inneren respektiert, wird in Unordnung sein. Diese niedere Art des Lebens, die im Status gefangen ist, ist kein reales Leben. Leben ist es, wenn ihr frei seid, offen zu dienen, zu sein, zu umarmen und ohne Begrenzung zu lieben. Das ist Heiligkeit. Als erstes seid ihr ein Mensch, und als allererstes seid ihr ein Heiliger. Euer Geist hat den Körper genommen; euer Körper hat nicht den Geist genommen. Euer Geist kann gehen; ihr werdet fallen. Ihr hängt vom Geist ab, nicht vom Körper. Und meine lieben

Freunde, entscheidet niemals eine Angelegenheit des Herzens mit dem Kopf. Ihr könnt hirntot sein, und dennoch leben, aber ihr könnt nicht herztot sein und dennoch leben.

Also hat das Wassermann-Zeitalter abweichende Lehren und abweichende Denkformen, um eine abweichende Persönlichkeit zu begründen, die in den neuen Wechsel paßt. Alte Formeln werden nicht mehr funktionieren. Das ist es, warum, wenn wir nicht rausgehen und den Menschen helfen, eine Menge Menschen zerstört werden, und es wird euer Versagen sein. Ihr hättet aufgestanden sein und anderen helfen können.

Heute Nacht werden wir uns selbst ein bißchen weiterbefördern. Wir werden eine sehr einfache *kriya* machen, wenn ihr in der Stimmung seid.

Meditation zur Erhebung

Teil I:

Jede Religion hat ein Wort, nur einen Klang: Yaa-ho-vaahYaa. Hallelujah-Haa.   La-e-laah-Laa.   Rama-Raa.   Saa-Taa-Naa-Maa-Saa. Worüber sprechen sie? Was passierte mit dem Rest? All diese großen Philosophien werden vergehen. Der Mensch wird als Mensch verschmelzen und als Mensch Gottes auftauchen. Niemand wird Zeit verlieren, Gott zu finden. Jeder wird da sein, um Gott dahin zu bringen, ihn zu finden. Gott ist überall. Laßt ihn uns finden. Warum sollten wir ihn finden? Sei ein Mensch und Gott wird dich finden. Alles was du zu tun hast, ist als Mensch schön zu werden: Sieh dich selbst durch deinen Geist  und sieh was zu dir kommt. Du bist gelehrt worden, den Dingen nachzulaufen. Laß die Dinge zu dir kommen.

Mudra: Bringe die flachen Handflächen zusammen, wobei die Finger nach oben zeigen. Plaziere die Mudra an deiner Stirn. Achte darauf, daß die Handgelenke in Höhe der Augenbrauen liegen. Sitze gerade.

Musik: Die Klänge von verschiedenen Religionen, von dem Band *Bharia Hat*, dem 20. Pauree aus Japji Sahib von Matamandir Singh.

Augen: Geschlossen. Meditiere auf das Band.

Zeit: 7 Minuten.

Ende: Mache sogleich mit Teil II weiter.

Teil II: (Als Gruppe ausgeführt)

Mudra: Sitze gerade in meditativer Position. Alle im Raum halten einander die Hand.

Augen: Geschlossen.

Musik: Dieselbe wie im Teil I. Singe mit dem Band aus dem Nabel heraus.

Zeit: 4 Minuten.

Ende: Atme tief ein und wiederhole das Gebet, das Yogi Bhajan spricht:

**Oh meine Seele, gib mir das Licht. Zeige mir den Weg.
Verleih mir die Exzellenz und die Schönheit,
freigiebig, segensreich, freundlich und mitfühlend zu sein,
und wahrhaftig zu mir selbst.**

Die göttliche Essenz eines Lehrers

KLASSE 3 vom Morgen des 22. April 1997

Ihr seid hergekommen, um Lehrer zu werden. Es ist meine Verantwortung, euch zu sagen, was ein Lehrer ist. Wir spielen das Band des Gesanges von Nanak, in dem ein Lehrer beschrieben wird. Wenn ihr versteht, was in dem Gesang geschrieben ist und wenn ihr versteht, daß es das ist, was ihr sein wollt, dann seid ihr ein Lehrer.

Ihr habt einen Freund in euch – das ist euer Verstand. Wenn euer Verstand in der Dualität ist, nimmt er euch weg von der Realität. Der Unterschied zwischen einem Lehrer und einem Menschen ist, daß der Lehrer seine Dualität übergibt. Gott ist in uns, darum sagen wir nicht, „Wir vertrauen auf Gott." Wir sagen, „Ich verweile in Gott." Die Kluft zwischen den Menschen und Gott muß entfernt werden. Wenn ein Mensch die Erde genießen will, gibt es viele Straßen und viele Wege dahin – dem stimme ich zu – da gibt es viele Philosophien und viele Theorien; da gibt es vielfach die Wahl und viele Therapien. Aber ein Ding ist immer wahr: Da gibt es immer eine Erfahrung.

Wenn ihr nicht die Erfahrung des Segens habt, solltet ihr dafür arbeiten, weil es nicht eure Lehre, eure Philosophie, euer Wissen ist, worauf es ankommt. Es ist euer Segen, den ihr mit einem anderen Menschen, der unglücklich ist, teilt. Das ist alles, worauf es ankommt.

Ihr habt 10 Körper, aber euer Strahlenkörper ist im Umkreis von 25 Meilen, von etwa 28 Kilometern, sicher wirksam. Wenn das Leuchten des Schildes eures Strahlenkörpers sich über 12 1/2 Meilen, über etwa 19 Kilometer erstreckt, seid ihr einfach nur ein normales menschliches Wesen. Wenn er sich nur über 3 Meilen, über etwa 4 1/2 Kilometer erstreckt, seid ihr schlimmer dran als ein Vogel. Jede Art, die von Gott geschaffen ist, hat eine Seele. Der Unterschied ist, wie die Seele auf ihre Umgebung wirkt. Eine Glühbirne hat 50 Watt, eine andere 100 Watt, eine dritte 1000 Watt. Jedes Licht ist unterschiedlich. Alle drei sind Glühbirnen. Alle funktionieren mit Elektrizität. Die Aufgabe von allen ist es, Licht zu verbreiten, aber das Leuchten ist unterschiedlich. Und da gibt es noch ein anderes Ding. Die Birne ist mit einem Vakuum gemacht. Weil eine Heizspirale nicht im Vakuum ist, selbst wenn sie 5000 Watt verbraucht, kann sie euch Hitze geben, aber kein Leuchten.

Ihr habt drei Verstandesebenen: negativ, positiv und neutral. Ein Mensch, der nicht mit dem neutralen Geist handelt, wird nicht wohlhabend und kann nicht glücklich sein, weil negativ und positiv sich gegenseitig aufheben. Es ist der neutrale Geist, der die intuitive Kraft in euch wird.

Ihr müßt wissen, wohin ihr zu gehen habt. Ihr müßt wissen, was ihr zu erobern habt. Mit jedem Gedanken stellt euch nur eine Frage: „Wird dieser Gedanke, wenn ich ihn verfolge, mich vornehm oder bitter machen? Wird es mich zu einem Steinkopf machen oder wird mein Duft über der ganzen Welt sein? Wird es mir die Stärke verleihen, die Menschen glücklich zu machen, oder werde ich andere Menschen unglücklich machen?"

Welche Art Lehrer werdet ihr sein? Wollt ihr euch selbst mit einem Gebiet eingrenzen? Ein Lehrer hat kein Gebiet, ein Lehrer hat keine Persönlichkeit, ein Lehrer hat keine Realität. Seine einzige Realität ist, daß er erhebt, erhebt, erhebt; er hält Schritt und erhebt, hält Schritt und erhebt. Es ist wie der Stein der Weisen: Jedes Metall, das ihn berührt, wird zu Gold.

Ihr müßt eure Gedanken auf die folgende Art und Weise gebrauchen. „Ich komme vom Himmlischen Vater um auf der Mutter Erde zu sein. Sie wird mich ernähren und pflegen, wenn ich nur frage."

Nein. Man hat euch gelehrt, „Geh los und mache Geld. Finde eine reiche Frau. Finde einen reichen Mann. Habe guten Sex." All diese Art Zeug, hinter dem ihr her seid, ist im Begriff, euch Ärger zu bereiten. Wenn „ihr losgeht, um es euch zu holen," dann müßt ihr das Gewicht tragen. Da gibt es keinen Unterschied zwischen euch und einem Sklaven. Ihr seid tatsächlich eine geistige Tragödie und ein Kuli. In eurem Kopf tragt ihr all das Gewicht. Ihr macht keinen Sinn vor dem Göttlichen.

Wißt ihr was Gott denkt, während er in euch sitzt? Er sagt, „Oh, ich lebe in einem Idioten." Gott sitzt in euch, ihr bringt ihn, in euch in Unordnung, und er wird ganz wild. Also sagt zu seiner Frau, *Prakirti*, „Lehre diesem Typ eine Lektion."

„Wißt ihr jetzt, worin die Lektion Gottes besteht? Kennt ihr die Vergeltung Gottes? Er wird euch all den Reichtum geben, aber keine Genugtuung. Eine Person, die keine Zeit für Gott und Meditation oder Yoga hat, die werdet ihr in der Mitte ihres Alters, ihn oder sie, reich werden sehen. Achtet auf meine Worte. Es ist wahr. Sie werden reich. Im Moment, wo sie reich werden, sind sie verhaftet, und sind verhakt. Sie können die Verhaftung nicht gehen lassen, und sie können nicht unendlich werden. Wortspiel: They can't go, grow, and glow – Sie können nicht losgehen, wachsen und leuchten. Sie sind fertig. Das ist Gottes Rache. Aber wenn ihr gefestigt dasitzt, strahlend, werden die Dinge zu euch kommen.

Da ist nichts Falsches an irgendeinem Schüler. Manchmal werde ich dafür kritisiert, aber ich reagiere nicht. Einigen Leuten helfe ich, einige berate ich, einigen gebe ich einen Hinweis, zu einigen spreche ich, und einige lasse ich allein. Sie haben ihren Verstand bereits dahin gebildet, nicht zu hören, und ich habe meinem eingeredet, gar nichts zu sagen. Wenn jemand, er oder sie, nicht willens ist, sich selbst zu wandeln, werden sie auch niemals irgendjemand anderen wandeln.

Ihr alle habt euch alle einmal verabredet. Erinnert euch einmal, wieviele Lügen ihr während einer Verabredung ausgesprochen habt. Wieviel habt ihr unternommen, um zu beeindrucken? Hast du jemals deinem Mann erzählt, daß „ich nachts schlafe, daß sogar meine Katze und mein Hund das Haus verlassen"? Hast du jemals deinem Verlobten gesagt, „Meine Menstruation dauert 15 Tage?" Hast du jemals deinem Verlobten gesagt, „Ich bin sechsmal vergewaltigt worden?" Hast du jemals irgendetwas erzählt, das diesen Mann morgen besorgt macht? Nein. Weil du besorgt bist, daß er es ausbeuten wird. Das ist die Qualität eines Lehrers. Wenn seine Schüler ihm irgend etwas oder alles erzählen, und wenn der Lehrer es verrät, es ausbeutet, dann ist es ein natürliches Gesetz, daß der Lehrer entweder diese Person in die Himmel zu erheben hat oder selbst, Lehrer oder Lehrerin in die Hölle zu gehen hat.

Das also hat Schüler geschaffen, die Schaufenster schauen gehen und Lehrer, die Philosophen sind. Niemand ist bereit, den Schmerz auf sich zu nehmen, die andere Person zu wecken. Die Mehrzahl der Lehrer ist selbst am Schlafen.

Wortspiel: It is good to be good. It is good to have goods, but the reality is, you are God. – Es ist gut, gut zu sein. Es ist gut, Güte zu haben, aber die Realität ist, ihr seid Gott.

Technisch ausgedrückt, ist euer Verstand euer Werkzeug. Wer ihn nicht vernünftig verwendet, wird wie ein Narr aussehen. Erlaubt nicht, daß euer Verstand euch beherrscht – beherrscht euren Verstand, dann werdet ihr im Wohlstand, kraftvoll und fürstlich sein. Es liegt an euch. Als ein Lehrer, könnt ihr euch nicht bürgerlich kleiden. Ihr könnt euch nicht bürgerlich benehmen. Ihr könnt nicht essen und schlafen wie ein Durchschnittsmensch, weil es der Durchschnittsmensch ist, den ihr im Begriff seid zu führen. Die einzige Art und Weise, auf die ihr führen könnt, ist durch eure eigene Disziplin. Die Effektivität ist eure eigene Kraft. Also, solltet ihr mit eurem Verstand entscheiden.

Es sieht großartig aus. Die Leute stehen auf, wenn ihr kommt, sie berühren eure Füße, sie geben euch Geschenke, sie lieben euch sehr. All das ist groß, aber da gibt es eine Konsequenz. Ihr werdet rebellieren und im Innern den Aufstand bereiten, wenn ihr keine Disziplin habt. Diese Welt ist eine bewußte Welt, und ihr müßt die Spannung eines jeden Gedanken bewußt aufnehmen.

Wenn eure Worte nicht ein Lächeln haben, wenn ihr nicht von Herz zu Herz sprecht, und wenn ihr alles mit eurem Kopf entscheidet, dann ist es besser, einen Hund zum Freund zu haben als euch. Ihr seid eine nutzlose, schmerzhafte Plage. Das einzige Ding auf der Welt, das zählt, ist euer Lächeln, euer erhebendes Wort und eure freundliche Körpergeste. Das sind die drei grundlegenden Forderungen an einen Lehrer.

Da gibt es drei weitere: Wenn ihr einen Schüler habt, bearbeitet, behaut den Schüler, durchdringt den Schüler und macht ihn besser als euch selbst. Andernfalls ist euer Morgen tot. Lehrt euren Schüler, ein Lehrer zu werden. Und macht ihn verstehen, wieder und wieder und wieder.

Die ganze Welt ist euer Schüler. Bäume sind eure Schüler, Steine sind eure Schüler, eure Familie ist euer Schüler – alles ist euer Schüler. Ein Lehrer kann nicht auf andere Art und Weise denken. Wenn ihr an etwas anderes denkt, seid ihr kein Lehrer.

Heute ist die Welt sehr wörtlich geworden. Die Verstandesebenen sind sehr weit geworden. Die Welt von heute ist die Welt des Wassermann-Zeitalters – ein enger Verstand wird niemals glücklich sein. In diesem Raum sind so viele Religionsgruppen vertreten, daß ihr sie nicht einmal zählen könnt. Aber wir haben nur eine Absicht – zu erfahren, zu helfen und der Zukunft zu dienen. Das ist grundlegend. Das ist die grundlegende Natur des Menschen, der nach dem Bilde Gottes geboren ist, daß er es nicht erlaubt, dieses Bild zu trüben. Göttlichkeit ist eure Wirklichkeit, und die falsche Seite ist Maya. Wenn das „Ich" und das „Göttliche Du" kämpfen, verliert das „Ich" immer. Aber das „Göttliche Du" ist niemals froh, zu gewinnen.

Purkha und *Prakirti* oder *Shakta* und *Shakti*, sind unsere Eltern. Obwohl sie Gott sind, sind die groben, steinköpfigen, erbärmlichen Kinder, die Kinder in der Dualität, schlechte Nachrichten für die Eltern: Das ist der Grund, warum Gott das System nach einer Zeit erneuert. Dieser Planet und die Menschheit wurden bereits viermal ausgelöscht. Was wir hier machen, funktioniert nicht richtig. Wir müssen uns selbst wandeln; niemand kann uns wandeln, niemand kann uns lieben, niemand kann sich um uns kümmern. Stets sind wir am Anfang, in der Mitte und das Ende. Wie ihr sät, so sollt ihr ernten. Wortspiel: If you sow wrong, you will weep, Mr. Creep. – Wenn du falsch gesät hast, wirst du weinen, Herr Widerling.

Ihr seid hergekommen, um Lehrer zu werden. Es ist meine Verantwortlichkeit, euch zu erzählen, was ein Lehrer ist. Wir spielen jetzt das Band mit dem *shabad* von Nanak, auf dem ein Lehrer beschrieben ist. Wenn ihr versteht, was in diesem Gesang geschrieben ist und versteht, daß es die Art und Weise ist, wie ihr sein wollt, dann seid ihr ein Lehrer. So lange ich lebe, werde ich darin fortfahren, auf euch einzuhämmern; das ist alles.

Yogi Bhajan übersetzt die Zeilen des shabad „Gurdev Mata,“ das auf Seite 250 des Siri Guru Granth Sahib steht und vom 5. Guru Nanak, Guru Arjan, geschrieben wurde.

ਗੁਰਦੇਵ ਮਾਤਾ ਗੁਰਦੇਵ ਪਿਤਾ ਗੁਰਦੇਵ ਸੁਆਮੀ ਪਰਮੇਸੁਰਾ

Gurdev maataa Gurdev pitaa. Gurdev swami parmeysuraa.
The Teacher is Madre and Padre. Transparent Mother, Transparent Father. The Teacher is the Master, like God.

Der Lehrer ist Mutter und Vater. Transparente Mutter und transparenter Vater. Der Lehrer ist der Meister, wie Gott.

ਗੁਰਦੇਵ ਸਖਾ ਅਗਿਆਨ ਭੰਜਨੁ ਗੁਰਦੇਵ ਬੰਧਿਪ ਸਹੋਦਰਾ

Gurdev sakhaa agiaan bhanjan, Gurdev bandhap sahodaraa
Gurudev is a friend who dismisses the darkness of ignorance, who removes the ignorance. Such a relative which comes through every time.

Der göttliche Guru ist ein Freund, der die Dunkelheit des Unwissens verringert, der das Unwissen beseitigt, solch ein Verwandter, der durch alle Zeiten kommt.

ਗੁਰਦੇਵ ਦਾਤਾ ਹਰਿ ਨਾਮੁ ਉਪਦੇਸੈ ਗੁਰਦੇਵ ਮੰਤੁ ਨਿਰੋਧਰਾ

Gurdev daataa har naam updeysai, Gurdev mant nirodharaa
Gurdev is the Giver, the Teacher of the Lord's Name. Gurdev is the Mantra which never fails.

Gurudev ist der Geber, der Lehrer des Namens des Herrn. Gurdev ist das Mantra, das niemals versagt.

ਗੁਰਦੇਵ ਸਾਂਤਿ ਸਤਿ ਬੁਧਿ ਮੂਰਤਿ ਗੁਰਦੇਵ ਪਾਰਸ ਪਰਸ ਪਰਾ

Gurdev shaant sat budh moorat, Gurdev paaras paras paraa
Gurdev is a saint and wisdom personified. The Teacher is like the Philosopher's stone; whatever it touches, changes. The power of the Teacher is the touch of the Teacher, whether it's through words, body gesture, sight, or presence.

Gurdev ist ein Heiliger und personifizierte Weisheit. Der Lehrer ist wie der Stein der Weisen; was immer ihn berührt, verwandelt sich. Es ist die Kraft des Lehrers, die Berührung des Lehrers, ob sie durch Worte, durch Körpersprache, durch Blicke oder Gegenwart geschieht.

ਗੁਰਦੇਵ ਤੀਰਥੁ ਅੰਮ੍ਰਿਤ ਸਰੋਵਰੁ ਗੁਰ ਗਿਆਨ ਮਜਨੁ ਅਪਰੰਪਰਾ

Gurdev teerath amrit sarovar, Gur giaan majan aparanparaa
The Teacher is like a pilgrimage to a pond of nectar. His uplifting knowledge is beyond,beyond,beyond.

Der Lehrer ist wie eine Wallfahrt an einen See von Nektar. Sein erhebendes Wissen ist jenseits, jenseits, jenseits.

ਗੁਰਦੇਵ ਕਰਤਾ ਸਭਿ ਪਾਪ ਹਰਤਾ ਗੁਰਦੇਵ ਪਤਿਤ ਪਵਿਤ ਕਰਾ

Gurdev kartaa sabh paap hartaa, Gurdev patit pavit karaa
Gurudev does everything and removes all sins, is honorable, and stands with purity.

Gurudev tut alles und beseitigt alle Sünden, ist ehrbar und steht da in Reinheit.

ਗੁਰਦੇਵ ਆਦਿ ਜੁਗਾਦਿ ਜੁਗੁ ਜੁਗੁ ਗੁਰਦੇਵ ਮੰਤੁ ਹਰਿ ਜਪਿ ਉਧਰਾ

Gurdev aad jugaad jug jug, Gurdev mant har jap udharaa
The Teacher is from the very start, through all time, and always shall be. Guru Dev meditates, repeats the mantra of the Divine, ever, and perfects it.

Der Lehrer ist von Anfang an, durch alle Zeiten und wird immer sein. Guru Dev meditiert und wiederholt das göttliche Mantra ewig und bringt es zur Vollendung.

ਗੁਰਦੇਵ ਸੰਗਤਿ ਪ੍ਰਭ ਮੇਲਿ ਕਰਿ ਕਿਰਪਾ ਹਮ ਮੂੜ ਪਾਪੀ ਜਿਤੁ ਲਗਿ ਤਰਾ

Gurdev sangat prabh mel kar kirpaa. Ham moor paapee jit lag taraa
The Teacher creates the union between the congregation and God. Through blessings, the Teacher removes the arrogance and ignorance and takes the human across.

Der Lehrer bewirkt die Einigung zwischen der Versammlung und Gott. Durch die Segnung beseitigt der Lehrer Arroganz und Unkenntnis, und hebt die Menschen hinüber.

ਗੁਰਦੇਵ ਸਤਿਗੁਰੁ ਪਾਰਬ੍ਰਹਮੁ ਪਰਮੇਸਰੁ ਗੁਰਦੇਵ ਨਾਨਕ ਹਰਿ ਨਮਸਕਰਾ

Gurdev satgur paarbrahm parmeshar, Gurdev naanak har namskaraa
The Spiritual Teacher is a divinely true Teacher and true guide, like God. Through a Teacher, Nanak salutes God.

Der spirituelle Lehrer ist ein göttlich wahrhaftiger Lehrer und ein wirklicher Führer, wie Gott. Durch einen Lehrer grüßt Nanak Gott.

Meditation, um die Essenz eines Lehrers zu erfahren

Ich habe euch die Worte von Nanak gegeben, die die Essenz eines spirituellen Lehrers definieren. Es ist kein kommerzieller Gegenstand, es ist wahrhaftig. Und der Schlüssel dahin, sich damit zu verbinden, ist das Mantra, Ong Namo Guru Dev Namo. Das ist das Mantra, das ist der Schlüssel zur Essenz dieses shabad, Gurdev Mata.

Mudra: Leg die Hände flach vor dem Herzzentrum in Gebetshaltung zusammen.

Augen: Geschlossen.

Musik/Zeit:

(a) 3 1/2 Minuten *Ong Namo Guru Dev Namo* zusammen mit dem Band von Nirinjan Kaur gesungen.
(b) Meditiert über die ganze Wiederholung des Bandes *Gurdev Mata* von Guru Jiwan Singh gesungen. (Den Text siehe Seite 42.)
(c) 1 Minute *Ong Namo Guru Dev Namo*.

Ende: Atme tief ein. Halte die Luft für 12 Sekunden an, während du tief in deine Seele gehst, um die göttliche Ruhe darin zu finden. Atme aus. Wiederholt das dreimal. Entspann dich.

Kommentare/Wirkungen: Es gibt eine sehr richtige Art, die Hände über dem Herzzentrum zu falten. Sie wird die richtige Wirkung bringen. Legt die Handflächen flach aufeinander, wobei die Daumen leicht zum Körper hin, von den Handflächen weg gestreckt werden, so daß sie ein „V" formen. Die Finger müssen gerade nach oben zeigen, exakt 90° zur Horizontalen. Die Grundfläche der Hände, die Linien an den Handgelenken, sollte über der Mitte des Herzzentrums plaziert sein. Die Spitze des längsten Fingers sollte nur ein paar Millimeter vom Kinn entfernt sein. Die Ellenbogen sind gebeugt und weisen zu den Seiten, nicht nach unten.

Eine unkorrekte Art und Weise, diese Haltung auszuführen, wie sie manchmal zu sehen ist, ist die Hände flach vor dem Herzzentrum zusammenzulegen, so daß die Finger etwa im Winkel vom 45° nach vorne zeigen. Einige Menschen winkeln die Finger sogar nach unten in Richtung auf den Boden ab. Das wird keine sauberen Wirkungen zeigen.

Im Kundalini-Yoga fangen wir nicht an, ohne das Mantra *Ong Namo Guru Dev Namo*. Es ist die Telefonnummer von *Shakti*, die darin ihre eigene Nummer hat, und das ist eine direkte Verbindung.

Das ist eine einfache *kriya*, die ihr alle kennen müßt. Ihr könnt über Kundalini-Yoga lesen, ihr könnt über Kundalini-Yoga schreiben, aber ihr werdet niemals in der Position sein, Kundalini-Yoga mit eurem Wort zu projizieren, oder durch euren Körper, wenn ihr nicht die Meisterschaft dieses Mantras habt.

Die Kraft des Verstandes

KLASSE 4 vom Abend des 22. April 1997

Ihr seid a human being – ein menschliches Wesen. „Hu" bedeutet „Hallo, Licht," wir haben es alle. „Man" bedeutet „geistig." „Being" bedeutet „für die Zeit sein." Ihr seid für die Zeit ein geistiges strahlendes Licht.

Was ist ein Mantra? Ihr habt das Recht diese Frage zu stellen. Mantra sind zwei Worte – *„Man" „tra."* „Man" bedeutet Geist. *„Tra"* bedeutet Hitze des Lebens. *„Ra"* bedeutet Sonne. Also bedeutet Mantra die kraftvolle Verbindung von Worten, die, wenn sie rezitiert werden, die Schwingung von jedem eurer Moleküle in die Unendlichkeit des Kosmos tragen. Das nennt man *„Mantra."*

„Tantra" bedeutet die *„Länge und Breite"*, die Sonnenenergie nimmt und euch reinigt. *„Antra"* bedeutet euren Kern. *„Bantra"* bedeutet eure Verfassung. *„Jantra"* bedeutet die Fähigkeit und die Einrichtung eurer Verfassung in Kombination mit der Gesamtheit des Universums und eurer Individualität.

Ich habe nichts dagegen, was ihr in Büchern lest und was ihr in der Religion lest. Aber es ist eine lange Landschaftsstrecke und die Menschen haben kein langes Leben. Selbst wenn ihr ernsthaft arbeiten wollt, wenn ihr die reale Definition kennt, werdet ihr nirgendwohin gelangen. Wenn ich will, daß ihr versteht, was *„Mantra, Jantra, Tantra, Antra, Sontantra, Patantra"* bedeuten, sage ich es wie folgt: *„Mantra –* die projizierte Verbindung meiner Worte. *Jantra –* der persönliche Brennpunkt meiner Bogenlinie, der mit meinem Schild projiziert. *Tantra –* meine Länge und Breite. *Antra –* die elementare Verfassung, mein innerer Kern. *Sotantra –* meine Unabhängigkeit. Und *Patantra –* ist meine definitive Strahlenprojektion. Ich bin ein Herr und ich bin ein Herrscher über allen Verstand und alle Verstandeszustände. Eins, zwei, drei, vier, fünf, sechs." So müßt ihr euch daran erinnern.

Die Aufgabe eines Lehrers ist die gleiche wie von einem Aufzug – er erhebt euch auf jede Etage, wohin ihr wollt. Eure Existenz hat nur eine Bedeutung – daß ihr eure Werte teilt, frei und klar, so daß ihr mit euren Feinden und euren Freunden in gleicher Weise gehen könnt. Ihr seid nicht wertvoll, wenn ihr euer Wort nicht ehren könnt. Wenn ihr nicht meint, was ihr sagt, seid ihr die gemeinste Person auf Erden. All das ist Schmuck. Schönheit ist Unsinn. Aber wenn ihr sprecht, spricht Gott durch euch. Ihr seid ein Wasserrohr. Ihr seid nicht das Wasser. Aus dem einen Rohr kommt Öl, das andere Rohr bringt Wasser. Aber wenn ihr Wasser braucht, könnt ihr kein Öl trinken. Die Menschen brauchen von euch ein Ding – pflegt sie und ernährt sie.

Einige wollen nicht wie Lehrer aussehen, weil sie denken, sie können ihre Schüler dann nicht erreichen. Ein Lehrer zu werden, ist das eine Wahl? Ist es eine Wahl? Der Schüler wird zu euch kommen, wenn ihr Lehrer seid. Es ist grundsätzlich falsch, einem Schüler hinterherzulaufen. Der zweite Fehler ist, von einem Schüler abhängig zu sein und der dritte Fehler ist, nicht absolut neutral mit dem Schüler zu sein. Das sind die ersten drei Forderungen an eure eigene Ehre als Lehrer. Weil auf der einen Seite, seid ihr als Lehrer im Begriff, den Studenten zu strecken; auf der anderen Seite hängt ihr von ihm ab? Wie können sich Öl und Wasser treffen? Auf der einen Seite müßt ihr im Kommandostand sein und die Situation beherrschen, ihr müßt den Schüler antreiben und führen und auf der anderen Seite sucht ihr nach Hilfe von ihm oder ihr? Auf der einen Seite lehrt ihr über Gott, und auf der anderen Seite seid ihr von Gottes Schöpfung abhängig? Ist Gott in Ferien gegangen?

Also gut, ein kleiner Mann, Jesus, wurde am Kreuz getötet, wie Millionen andere. Aber seine Reinheit und seine Frömmigkeit haben 1 1/2 Milliarden Christen auf dieser Erde geschaffen. Das ist die Kraft des Geistes des Menschen.

Als Nanak rundgereist ist und den religiösen Menschen gesagt hat, „ihr belügt die Menschen; was ihr lehrt ist nicht göttlich, und ihr lehrt die Dualität," haben sie mit Steinen nach ihm geworfen. Aber in 500 Jahren, sind es 250 Millionen geworden, die sich selbst nach Art der Sikhs formen und nach seinem Wort leben.

Einige Leute schämen sich sehr des Lernens; sie sind sehr schüchtern. Die Mehrheit der Leute gehen schaufenstergucken, und viele Menschen wollen Kundalini-Gott-erweckt sein, auf der Stelle. Gott hat euch soviel Energie gegeben in dem einen Moment, dem Zeitpunkt der Geburt, daß ihr, auf eine Anweisung hin, oder wenn ihr eures Lehrers ansichtig werdet, Lehrer werden könnt – wenn eure Disziplin rein ist. Die Kraft ist nicht eure Kraft, die Kraft in euch ist eure Reinheit und Frömmigkeit.

Ihr seid rein geboren, aber ihr vergeßt es, rein zu leben. Ihr legt zuviel Aufregung und Gefühl in euer Liebesleben. Ich verstehe, daß die Spermatozoen reifen, während ihr jung seid, aber ihr müßt nicht ein sehr wichtiges Ding vergessen: Sex ist nicht im zweiten Chakra. Das sechste ist die Kommandozentrale und es ist das sechste Zentrum, das euch dient, nicht das zweite. Also, wenn ihr mit einem anderen Menschen sprecht, trennt das.

Eine Art und Weise, irgendetwas zu prüfen ist es, zu sagen: „Macht dieses Ding mich vornehm, macht es mich göttlich, erhebt es mich zu meinem Schöpfer?" Wenn es sich nicht mit diesen drei Aspekten auf die Reihe bringen läßt, gebt es auf. Macht das zu einer Gewohnheit.

Fragt euch selbst zuerst, seid ihr edel oder nicht? Wenn nicht, tut was ihr wollt – trinkt, eßt Fleisch, zieht mit Frauen umher, werdet schwul, holt euch anregende, holt euch dämpfende Drogen, rennt nach der Politik – tut alles, es wird keinen Unterschied machen, weil ihr entschieden habt, ihr seid nicht edel und eure Entscheidung muß gesegnet sein. Aber wenn ihr euch darum sorgt, zu entscheiden, daß ihr edel seid, ehrbar, wahrheitsliebend und rein, dann filtert alles, was euch begegnet mit dem einen Satz, der sehr persönlich und eigennützig ist: „Macht mich das edel, rein und wahrhaftig? Ist es eine Liebe ohne oder mit Bedingung?" Tut das einfach nur für 40 Tage, und euer Leben wird sich wandeln. Innerhalb von 40 Tagen werdet ihr eine Gewohnheit daraus gemacht haben.

Wenn ich edel bin, warum sollte ich mir selbst erlauben, verletzt zu werden. Warum sollte ich ein Ergebnis haben, das nichts außer häßlich, schmutzig und unnütz ist? Ihr seid ein menschliches Wesen. „Hu bedeutet Leuchten, Licht." Wir haben es alle. „Man" bedeutet „geistig." „Being" bedeutet „für die Zeit sein." Für die Zeit seid ihr ein geistiges Leuchten des Lichtes.

Wenn ihr euch einmal entscheidet, edel zu sein, werden Mutter Natur und der Himmlische Vater euch entsprechend behandeln. Andernfalls ist euer Leben ein Jo-

Jo – hoch, runter, hoch, runter, links, rechts, links, rechts, links. Aber ihr werdet auf dem Fleck marschieren. Ihr werdet nirgendwo hingehen.

Diejenigen, die nicht die Kraft haben zu gehorchen, werden niemals die Kraft haben, zu befehlen. Diejenigen, die keine Kraft haben zu geben, werden niemals den Frieden nehmen. Diejenigen, die nicht sich selbst ehren, sollen keine Ehre haben. Diejenigen, die keine persönliche Disziplin haben, sollen von ihren Schülern belogen werden. Diejenigen, die sich nicht ihren eigenen Prinzipien unterstellen, sollen unter gar nichts stehen – sie werden überflüssig sein. Das sind die Gesetze der Natur, die nicht verändert werden können.

Unsere Beziehung zueinander ist nicht, was unsere Beziehung hier zu sein scheint. Sie kommt von vielen Leben, und sie wird viele weitere Leben andauern. Als Mensch habt ihr die Chance durchzubrechen. Ihr seid von der Unendlichkeit gekommen, um in die Unendlichkeit zurückzuverschmelzen. Dies ist euer augenblicklicher Ort. Es ist ein Motel. Nehmt nicht die Kissen aus dem Motel mit euch fort.

Warum wollt ihr dieses schöne menschliche Leben mit Emotion und Aufregung beschmutzen, und das ganze Ding ruinieren? Warum? Da gibt es eine Schönheit in der spirituellen Anmut. Diese Schönheit ist sehr attraktiv, sehr real. Bewußtes Leben ist besser als Gott selbst. Wenn ihr bewußt lebt, verweilt ihr in Gott. Dann habt ihr eine sehr schöne Kraft. Wohin auch immer ihr euren Blick werft, kommt es zur Erhöhung. Was immer ihr berührt, es wird erhöht. Wo immer ihr sprecht, Erhöhung tritt auf. Ihr könnt sogar die Toten erhöhen. Ihr entlaßt nicht nur den Menschen aus den Fesseln, sondern ihr könnt Generationen von den Fesseln befreien – das ist die Schönheit eines Lehrers. Ein Lehrer ist kein Zirkusaffe. Nein, meine lieben Freunde, ein Lehrer ist Gott und Gott ist der Lehrer und der einzige Unterschied zwischen den beiden ist, daß der Mensch fühlt, er ist nicht Gott.

Vor 3000 Jahre wurde euch von jeder Religion gesagt, „Finde Gott." Wo seid ihr im Begriff, Gott zu finden? Gott ist überall – allgegenwärtig, allwissend, all, all, all. Das ist „Om, Om, Om. Überall herrscht das „Om" vor. Ihr nennt es „Omni." Und ihr seid nirgendwo. Warum sucht ihr nach etwas, das überall ist? Warum findet ihr euch nicht selbst? Warum seid ihr nicht in Frieden, so daß Gott euch besuchen kann? Warum wollt ihr hinter Gott herlaufen? Was ist falsch mit euch? Und alle Zeit betet ihr, „gib mir dies, gib mir dies, gib mir dies," also ob er taub wäre, stumm, und könnte nicht sprechen. Er weiß, was er euch geben muß und was fortnehmen.

Ich habe nur eine Zeile, nach der ich lebe. Ihr könnt mich mißverstehen. Ich habe niemals in meinem Leben ein Buch geöffnet. Ich lese keine Bücher. Es ist nicht meine Politik. Ich mag es nicht, Bücher zu lesen. Ich habe 40 Bücher geschrieben, die ich nicht auf einer kommerziellen Basis veröffentlicht habe. Wir haben Tonnen und Tonnen von Tonbandaufnahmen und Musik, die wir nicht veröffentlicht haben, weil sie ins Wassermann-Zeitalter gehören und nicht in den Übergang von den Fischen. Diese eine Zeile, die ich lebe, ist:

ਕੇਤਿਆ ਦੂਖ ਭੂਖ ਸਦ ਮਾਰ ॥ ਏਹਿ ਭਿ ਦਾਤਿ ਤੇਰੀ ਦਾਤਾਰ ॥
Ketiaa dookh bhookh sad maar. Eh bhee daat teree daataar.
- Guru Nanak, Siri Guru Granth Sahib, page 5 (25th pauree of Japji Sahib)
Many suffer privation and pain and are continuously beaten. Even these are God's gifts.

Viele leiden unter Armut und Schmerz und sind ständig geschlagen. Doch auch dieses sind Gottes Gaben.

Also habe ich einen Grabstein aus Granit gemacht und ich habe diese zwei Zeilen von mir darin eingraviert. Die Übersetzung ist: *Ketiaa* – viele, viele, viele. *Dookh* bedeutet Unbequemlichkeit. *Bhookh* bedeutet Hunger. *Sad maar* bedeutet es ist 100.000-fach vervielfältigt. „Gott, wenn Du mir Schmerzen bereitest, Hunger und Mißvergnügen, und es 100.000-fach vervielfältigst, so will ich es als Dein Geschenk annehmen." Wenn ihr das nicht leben könnt, könnt ihr kein Lehrer sein. Es spielt keine Rolle, was kommt, denn wenigstens Gott dachte, ihr seid fähig, und er hat euch vertraut, also müßt ihr da durchkommen. *Eh bhee* bedeutet das ist. *Daat* bedeutet ein Geschenk. *Teree* bedeutet es gehört dir, oh Geber.

Wißt ihr, selbst wenn eine Nadel in eurem Hintern steckt und ihr zu schreien anfangt, weiß Gott, was passiert. Wenn irgendetwas schief geht, ist der Handelnde in allem Gott, also warum nicht? Warum seht ihr Ihn nicht? Wenn ihr Gott nicht in allem sehen könnt, könnt ihr Gott überhaupt nicht sehen. In jeder Handlung seht Sein Spiel – dann werdet ihr göttlich sein. Nichts ist falsch, nichts ist richtig. Es ist seine Welt. Er dreht sie. Wenn er euch Tag und Nacht geben kann, indem er die Erde dreht, warum könnt ihr nicht auch sicher sein, daß er sich um eure Angelegenheiten kümmern wird?

Laßt uns an uns selbst arbeiten.

Segen

Teil I:

Die Haltung wird „Segen" genannt. Es ist die gleiche, wie die Päpste die Menschen zu segnen pflegten: „Möge die Jupiter-Energie als Guru und die Saturn-Energie als Guru mit euch sein."

Mudra: Sitze im Schneidersitz mit einem geraden Rücken, das Kinn angezogen und die Brust gestreckt. Beuge die Ellenbogen in die Seite und bringe die Hände etwa 12 cm neben die Ohren auf jeder Seite. Die Handflächen weisen nach vorne. Die Finger weisen nach oben. Forme Fäuste mit den Händen und strecke den Zeige-(Jupiter) und den Mittel-(Saturn)finger gerade nach oben. Die Finger liegen aneinander.

Augen: Geschlossen.

Musik: *Reality, Prosperity and Ecstasy* von Nirinjan Kaur. Sing mit dem Band.

Zeit: 8 Minuten.

Ende: Atme tief ein und gehe unverzüglich zum Teil II über.

Teil II:

Mudra: Strecke Arme über den Kopf, die Ellenbogen gerade, die Hände zu Fäusten geformt. Strecke den Zeige- und den Mittelfinger gerade aus und bringe die Fingerspitzen von Zeige- und Mittelfinger zusammen, daß sie sich berühren. Kein anderer Teil der Hände berührt sich gegenseitig. Bilde ein Dreieck mit diesen Fingern.

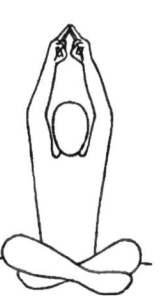

Musik: *Humee Hum Brahm Hum von Nirinjan Kaur.* Sing mit dem Band.

Augen: Keine Angaben.

Zeit: 6 1/2 Minuten.

Ende: Atme ein, halte die Luft für 10 Sekunden an. Atme aus. Atme ein und gehe unverzüglich zu Teil III über.

Kommentare/Wirkungen: Bilde ein perfektes Dreieck und laß den Allmächtigen herabsteigen. Singe mit dem Band von der Nabelebene aus. Während wir singen, „Humee Hum Brahm Hum – wir sind wir, wir sind Gott," wird die Zunge die richtigen Meridianpunkte am Gaumen berühren und das Ergebnis bewirken, wenn du es richtig betonst.

51

Teil III:

Mudra: Lege die Hände in Gebetshaltung mit flachen Handflächen vor dem Herzzentrum zusammen.

Musik: *Ong Namo Guru Dev Namo* von Nirinjan Kaur. Sing mit dem Band aus der Nabelebene heraus.

Zeit: 1 1/2 Minuten.

Ende: Atme ein und entspann dich.

Gesegnet sei das Göttliche in mir, um mich herum und in allen lebenden Wesen.

Es ist dein Wille, so muß ich heute handeln, morgen,

und solange ich lebe und atme.

Um deine Weite zu verstehen, um deine Güte zu verstehen,

und um deine Kraft in mir zu verstehen. So wie du in mir verweilst,

so gib mir die Welt

mit Freundlichkeit, mit Gefühl und Liebe,

und bilde meinen Körper zu deinem Tempel.

Sei mit mir als mein mich führender Gott.

Wandere mit mir, sprich mit mir, und sei mit mir.

Ich werde dankbar sein.

Sat Naam

Wirf deine Grenzen ab

KLASSE 5 vom Morgen des 23. April 1997

Verwirf die Vorurteile gegenüber dir selbst – Nummer 1. Verwirf die Grenzen, die du dir selbst gesetzt hast und verwirf deine Unsicherheiten gegenüber dir selbst. Wirf dich selbst auf den Altar des Schöpfers. Du wirst niemals eine Alternative brauchen. Gott wird in deinem Fall durchkommen, persönlich.

In dieser Welt existieren keine Probleme durch einen Mann. Medizinisch ist es eine bewiesene Tatsache, daß beim Mann nicht beide Hirnhälften gleichzeitig arbeiten. Der Mann hat ein entworfenes Gehirn; sein grundlegendes Gehirn arbeitet nicht zur selben Zeit. Unglücklicherweise arbeiten bei der Frau beide Hirnhälften, und das ist die Wurzel des Problems. Eine Frau will wissen, sie will darüber sprechen, sie will es verstehen. Die Männer haben solch eine Energie nicht. Wißt ihr was ein Mann will? Er will eine stumme, taube und blinde Frau, die ihm sagt, „Du bist großartig, Du bist großartig, Du bist großartig." Ob er früh kommt oder spät, ob er ein übler Kerl ist oder ein Gott, er will, daß sie ihm sagt, „Du bist großartig, Du bist großartig."

Wofür braucht ein Mann eine Frau? Ihr glaubt für den Sex? Nein. Das ist nicht wahr. Ein Mann braucht eine Frau für seine Kopfkissenplaudereien. Ein Mann braucht keine Frau für irgendeinen anderen Zweck. Wenn ein Mann extrem müde ist und von den Umständen total zerschmettert und zerschlagen, braucht er jemanden, der ihm sagen kann, „Mein Lieber, sorge Dich nicht, morgen wird die Sonne scheinen." Das ist alles was es ist. Und eine Frau, die dabei versagt, soll geschieden werden, soll verworfen werden, soll verfolgt werden, der soll alles Üble widerfahren. Es spielt keine Rolle, wer ihr seid, ihr könnt niemals einen Mann und niemals eine Frau wandeln. Ihr habt Länge und Breite – ihr braucht Höhe und Einstellung. Einstellung bedeutet Wertschätzen.

Gebt zuerst zu, daß ihr mit einem Idioten verheiratet seid. Dann gebt zu, daß es eure Pflicht ist, ihn zu ernähren. Wenn ihr euren Sohn ernähren könnt, könnt ihr auch euren Mann ernähren. Der einzige Unterschied zwischen den beiden ist die Größe des Körpers und die sexuelle Beziehung.

Alle Scheidungen haben ihr Grundlage einfach in einem Ding. Eine Scheidung nimmt ihren Anfang niemals wegen der Verhältnisse, der Armut, der Umstände. Der Mann bekommt eine andere Frau, die sehr schön ist. Die Ursache der Scheidung ist die, daß die Frau beginnt, den Mann zu befragen, mehr als er es tolerieren kann.

Das ist es. Dann sagt die Frau, „Wie steht es mit mir?" Wie steht es mit euch? Ihr seid eine Frau, er ist es nicht.

Wißt ihr, er ist er, und das Word „she – sie" enthält „he – er". „female – Frau" enthält das „male – Mann", und „woman – Frau" enthält „man – Mann". So wird es buchstabiert. So wird der Prozeß von Mond und Sonne sehr gut beschrieben. Die Sonne ist stationär, warm und hell. Der Mond geht auf und unter und ist diplomatisch – er reflektiert die Sonne. Lernt aus den Himmeln, nicht von irgendetwas anderem. Kinder sind wie Sterne. Man muß ihnen den Wert des Seins und Leuchtens verstehbar machen, und daß, so wie es im Himmel ist, es auf Erden gelebt werden sollte. Aber wenn ihr daran denkt, daß ihr ein Mann oder eine Frau seid, habt ihr einige Dinge verloren.

Als erstes von allem seid ihr ein Mensch. Dann seid ihr eine Person. Als drittes steht eure Mission. An vierter Stelle euer Ergebnis. Und dann folgt eure Standfestigkeit. Wenn ein Mensch zu Standfestigkeit kommt, wird seine Verpflichtung seinen Charakter bilden; der Charakter wird ihm absolute Würde geben. Diese wird ihm Göttlichkeit verleihen. Die Göttlichkeit wird ihm Anmut geben. Dann wird er die Kraft haben, sich aufzuopfern. Das wird ihm Glück bringen. Das sind die sieben Schritte zum Glück.

Wir wollen es auf diese Weise betrachten: Ein Mensch, der einen Lehrer hat, wird alle Zeit berichtigt. Ein Mensch, der keinen Lehrer hat, hat niemanden, der ihn berichtigt. Es ist nicht so, daß ich euch bitte, einen Lehrer zu haben, aber wenn ihr keinen habt, habt ihr auch euch selbst nicht. Denn wenn ihr nicht korrigiert seid, und auch nicht duldet, korrigiert zu werden, dann wird eure Neurose euch aufessen wie Termiten. Ihr werdet innerlich total zerfressen und könnt nicht weiter fortfahren.

Was ist die Krise der Lebensmitte? Die Energie im Lebenskreis geht langsam zurück, genauso wie die Sekretion der inneren Drüsen geringer wird. Wenn es da keine proportionierte Reife gibt, werdet ihr auseinanderfallen. Jeder Ehemann fällt in den Händen seiner eigenen Frau auseinander. Jeder Ehemann sucht, aus der Frustration heraus, eine andere Frau. Das Problem ist, sie will Sicherheit, aber der Mann will Entspannung. So treffen sie sich nie. Ich weiß nicht, warum Menschen heiraten. Ich denke, sie sind jung, sie sind heiß, sie denken, das Gras am anderen Ufer ist grüner. Aber wenn sie darin laufen, und mit ihren Füßen in die Kuhfladen steigen, dann verstehen sie, worin sie sind. Das ist es, warum der Mensch von Natur aus grausam ist.

1867 wurden Frauen auf dem Marktplatz verkauft. Diese Not und Unmensch-
lichkeit kann niemals vergeben werden. 4 Millionen Kinder dieser Welt – die meisten
von ihnen sind Frauen – wurden entführt, und sind niemals gefunden worden. Die
brutale Gewohnheit des Mannes hat sich nie gewandelt, selbst heute, in all der
Zivilisation, sprechen wir darüber. Eine Frau ist nichts als ein Sexobjekt, kein Objekt
der Würde. Ihr wollt Zigaretten verkaufen, ihr wollt Handtaschen verkaufen, ihr wollt
Kleider verkaufen – ihr nehmt eine Frau, nackt, halbnackt oder was sie immer
anzieht. Mit anderen Worten, ein Mann weiß, sie ist attraktiv. Aber die Tragödie ist,
die Frau weiß nicht, daß sie attraktiv ist.

Es gibt kulturelle Unterschiede hier. In einem Kulturkreis mag es sein, daß eine
Frau 30 Leute hat, die sie jagen oder verführen, oder Verabredungen mit ihr treffen,
und das gibt ihr das Gefühl, daß sie sehr begehrlich ist. In einer anderen Kultur denkt
sie, sie ist eine Hure. Dieselbe Frau, dieselbe Handlung. Es ist ein geistiges Training.

Einst habe ich ein Paar beraten. Die Frau sagte, „Er ist niemals daheim."

Er schaute sie finster an und sagte, „Ich bin zu Hause, aber Du schläfst mit dem
und dem." Sie dachte, er wisse es nicht. Wißt ihr wer das tut? Tiere. Das gibt es nur
im Tierreich, wo das Weibchen heiß ist und einen Mann sucht. Wir sind Menschen.
Manchmal werdet ihr böse auf mich, weil ich nicht dazwischen gehen will. Ich sage,
„macht weiter. Es ist Zeit zu gehen," weil es da nichts zu beraten gibt bei einem Tier.
Sollte ich einer Ziege über Kundalini-Yoga erzählen? Sollte ich beginnen, Ziegen und
Zebras Kundalini-Yoga zu lehren? Benötige ich Menschen, die von der Leidenschaft
geblendet sind, ohne Mitgefühl, total verzerrt vom Verlangen, ohne Erhabenheit?
Alles ist Make-up, aufgelegt. Wo ist die Realität?

Unsere Ängste sind da, um unser Leben zu verderben. Es seid nicht ihr, die ihr die
Seele belügt, es ist eure Furcht, die die Seele belügt. Furcht ist irdisch und hat nichts
mit den Himmeln zu tun. Eure Furcht ist, daß ihr Theater machen müßt, und daß nur
ihr es machen könnt. Das ist niemals wahr, das war es nie, noch ist es, noch wird es
je wahr sein. Die führende Hand auf diese Welt ist die Hand Gottes.

Wir haben 28 Jahre gewartet, um das Wissen über das Wassermann-Zeitalter zu lehren. Wir sagen dabei nichts dergleichen wie, „Sein oder nicht sein." Das einzige Ding ist „Sein um zu Sein." Wir sagen, „wir sind spirituelle Wesen, die für eine menschliche Erfahrung geboren wurden. Wir sind nicht Menschen, die für eine spirituelle Erfahrung geboren sind. Wir sagen, „Gott und ich, ich und Gott sind eins." Wir sagen, „Wir kommen aus den Unendlichen in das Endliche, und wir müssen mit dem Unendlichen wieder verschmelzen." Wir sagen, „Gott ist in uns. Wir weilen in Gott." Das ist der Unterschied zum Fische-Zeitalter, in dem wir gesagt haben, „Ihr seid in Sünde geboren, ihr müßt Gott anbeten, ihr müßt hart arbeiten, um dem Allmächtigen zu gefallen, und die Gebote befolgen." Wieviele Juden und Christen gehorchen den Geboten, „Du sollst nicht töten"? „Oh, bringe mir ein gut gebratenes, saftiges Steak." Kam es ohne zu töten? Kabir war ein Sufi-Heiliger. Er sagte: „Mullah, oh, Du Moslem-Priester auf der einen Seite sagst Du *Allah* ist überall und in jedem. Dann aber, warum nimmst Du das Hühnchen und schlägst ihm den Kopf ab? Ist *Allah* nicht darinnen?"

Im Fische-Zeitalter galt, „Was paßt mir." Die Religion des Wassermann-Zeitalters ist, „Werde ich passen?" Unsere Idee hier ist nicht etwa den Kurs zu unterrichten, um Geld zu machen und den Europäern zu gefallen. Unsere Idee war, euch zu berühren und euch zu sagen, „Wenn ihr willens seid, das Gewicht zu tragen, seid ihr willkommen. Wenn nicht, bleibt zu Hause und freut euch an euch selbst." Es ist unsere Zeit und wir sollen hier sein und wir sollen maßgebend sein. Das ist das Schicksal. 960 Millionen werden wir sein. Das kann nicht geändert werden. Aber die, die den ersten Schritt gemacht haben, können, weil sie den ersten Schritt gemacht haben, nicht mehr anhalten.

Was ist Heilen? Schaut auf dieses Sat Nam Rasayan: gibt Guru Dev Singh euch eine Massage und all das? Alles was er tut, er legt euch die Hand auf. Manchmal berührt er euch nicht einmal. Tatsächlich ist das „Sat Naam" das was die Heilung bewirkt. Ihr seht Gott nicht bei der Arbeit.

Ihr entscheidet alles mit eurem Kopf. Ihr seid so häßlich, so ungewollt, so grausam, so negativ, daß ihr sogar die Angelegenheit des Herzens mit eurem Kopf entscheidet. Leute, ihr seid eure eigenen Feinde. Dies ist die Zeit, um aufgeweckt zu werden. Dies ist die Zeit, um auf euch selbst zu schauen. Ihr könnt nicht einmal in eines anderen Menschen Gesicht lesen. Schmerzt es ihn oder freut er sich, ist er geradeaus oder nicht, glaubt er oder glaubt er nicht? Nichts. Ihr habt euer eigenes Ding. Nun seid ihr gerade hier, um zu lernen, Lehrer zu sein.

Legt eure Vorurteile gegenüber euch selbst ab – Nummer eins. Legt eure Begrenzungen gegen euch selbst ab, und legt eure Unsicherheiten gegenüber euch selbst nieder. Werft euch selbst auf den Altar des Schöpfers. Ihr werdet niemals eine Alternative brauchen. Gott wird in eurem Falle in der Person durchkommen.

Gott ist überall und wartet auf euren Ruf. Seine Postleitzahl ist Sein Mantra. Ein Mantra ist etwa dasselbe als wenn ihr einen Stein ins Wasser werft und stetige Wellen auslöst. Das ist alles, was es über ein Mantra zu sagen gibt. Es muß erinnert werden, erinnert und erinnert. Es muß in eurem Herzen gesungen werden, in eurem Sinn und in eurem Körper. Das einzige Verlangen, das ihr habt, ist es, zu wiederholen. Das mag am Anfang schwierig sein, aber schon bald wird Gott durch euch kommen und für euch wirken.

Ihr könnt gefaßt sein, zufrieden und bewußt, oder ihr könnt total im Wettstreit liegen und verwirrt sein und den Rest eures Lebens weinen. „A" ist „A". „A" hat das Schicksal von „A." „B" hat das Schicksal von „B." Sie müssen sich auf einem gemeinsamen Grunde treffen, um „AB" zu werden. Aber wenn „A" will, daß „B" zu „A" werden soll, und wenn „B" will, daß „A" zu „B" wird – hat ein Krieg begonnen.

Für 25 Jahre habe ich Paare beraten. Keiner gibt zu, daß er im Unrecht ist. Es ist „B's" Fehler. Frage „B" – es ist „A's" Fehler. Sie geben es niemals zu, sagen niemals „es ist unser Fehler." Wenn ihr einmal sagt, „es ist unser Fehler," dann gibt es keinen Fehler mehr, dann gibt es keine Schuld. Aber was tut ihr? In eurem Leben heiratet ihr 28mal und 20 Männer als euren Gemahl, was dann? Der eine hat 26.000 Fehler, der andere wird 24.000 und er dritte wird 32.000 Fehler haben. Männer sind Männer. Männer sind kein Gemüse, das ihr kaufen und kochen könnt. Also worum streiten wir? Wir kämpfen gegen die Regel der Natur. Die Regel der Natur ist, daß, wenn zwei Menschen sich treffen, sie verstehen müssen, woher der andere kommt. Wenn ihr einen Fehler macht, wißt ihr immer, woher ihr kommt. Versteht stets, woher die andere Person kommt und was sie tut. Überraschende Fälle wurden berichtet, bei denen, aufgrund der Unsicherheit, die Frau nicht nur den Mann, sondern den ganzen Haushalt, die Kinder und alles ruiniert hat.

Ihr seid hierhergekommen, um euch gegenseitig kennenzulernen. Ihr seid alle sehr wichtig. Es ist mein Verlangen, daß ihr einander treffen sollt, jeden sehen sollt, unpersönlich für persönliche Ziele. Wir wollen nicht aufeinander schauen als Frau oder als Mann oder als Lehrer oder als Schüler – wir sind alle Lehrer von morgen und wir müssen uns als Menschen treffen, mit Würde. Das einzige Ding in eurem Leben, das euch dienen wird, sind Manieren. Das einzige Ding, das euch groß macht, ist eure Verpflichtung. Wenn ihr nicht verläßlich seid, wird sich niemand auf euch verlassen. Ihr werdet auseinanderfallen.

Geld wird euch niemals Charakter verschaffen, wenn ihr euch nicht selbst Charakter gebt. Es ist euer Charakter und eure Eigenarten, denen die Menschen trauen – nicht euch. Niemand vertraut euch. Euer soziologisches Konzept ist total falsch. Ihr denkt, „Ich werde von den Menschen gebraucht." Nein. Wenn ihr nicht eine Person behauen und erheben könnt, wenn ihr gerade darüber hinweggeht, eine Person behaut, aber nicht erhebt, seid ihr Versager. Wenn ihr darin fortfahrt, zu erheben, aber die Person nicht reinigt, seid ihr als Lehrer Versager. Ihr müßt einen Schüler persönlich kennen und in unpersönlich behandeln. Das ist ein grundlegendes Gesetz. Dann werdet ihr immer außerhalb des Ärgers bleiben. Ihr werdet sehr populär sein. Aber manche von unseren Lehrern denken, niemand sieht, was sie tun. Nein, meine Lieben, niemand schaut auf euch, aber die Himmel tun es. Was können die Himmel tun? Euren Horizont versperren. Dann könnt ihr nicht alles sehen. Was für ein Leben ist das?

Eine andere Art von Leuten sind die, die alle beschuldigen. Wenn ihr Gott nicht in allem sehen könnt, könnt ihr Gott überhaupt nicht sehen. Fordert Gott und hört auf zu klagen, das ist der Weg zu leben. Bemüht euch zu helfen. Bemüht euch zu sein. Ihr werdet die phantastische Situation finden, daß Gott durchkommt. Unsere Schönheit ist, daß wir schön sind, frei und segensreich. Wir sind Haushaltungsvorstände. Besorgt euer Haus.

Laßt eine Person in Frieden. Gott hat alle Menschen gleich und schön erschaffen. Dank euch. Wenn sie vom Balkon springen wollen, laßt sie gehen. Aber springt nicht mit ihnen. Nehmt niemals an einer unbewußten Handlung teil. Niemals. Auf diese Art und Weise werdet ihr automatisch reich werden, heilig und leuchtend. Habt eine Mission im Leben: seid freundlich, mitfühlend und liebevoll, friedvoll und dienend. Ich kann wetten, daß Gott euch persönlich dienen wird. Wortspiel: Folks, where there's an ego, there's no amigo. – Leute, wo es ein Ego gibt, gibt es keine Freunde.

Wir haben gewußt, daß wir ein genetisches, elektromagnetisches Feld sind, und daß der universelle Puls als unser Impuls klopft. Beachtet, daß es da einen Unterschied gibt. Der universelle Puls trägt uns als einen Impuls. Das ist etwas, über das niemand sprechen will, weil, sobald ihr sagt, daß ihr einen universellen Puls habt, ihr dann diesen Puls herausfinden müßt, so daß ihr ihn mit eurem eigenen Impuls vergleichen könnt und herausfindet, ob ihr richtig oder falsch seid. Aber was ihr tut, ist, ihr wollt, daß es euch geschenkt wird: „Hallo Sir, Yogiji, ich bin zu Dir gekommen und ich will, daß Du mir die Himmel öffnest." Einige von euch, die hier sitzen, werden im Wassermann-Zeitalter große Lehrer werden. Ihr müßt verstehen, daß ihr zuerst euren Charakter bilden müßt. Kümmert euch um euch selbst, seid freundlich zu euch selbst und mitfühlend mit euch selbst. Das ist, was ihr zu tun habt.

Das größte Ding, das ihr als Lehrer tun könnt, ist ohne Fragen zu geben, so daß ihr ohne Fragen nehmen könnt. Wenn die ganze Welt fällt, müßt ihr wie ein Leuchtturm stehen. Wenn dort ein großer, großer, großer, zerstörbarer Taifun der Verführung kommt, müßt ihr ihn segnen, und daraus hervorgehen. Da gibt es nur eine Definition eines Lehrers: Ein Lehrer ist eine Person oder eine Gruppe von Personen, die stehen bleiben, aufrecht gehen, wenn alles fällt.

Ihr seid die letzte Hoffnung der Menschheit. Wenn die Dinge am Boden liegen und im tiefsten Dunkel, das ist es, wenn wir am aufrechtesten gehen. Es spielt keine Rolle, wer ihr seid. Was eine Rolle spielt, ist, ob ihr vertrauenswert seid oder nicht. Wenn ihr nicht vertrauenswert seid, warum glaubt ihr, sollte irgendjemand euch trauen?

Das ist eine komische Welt. Die Menschen tun was sie wollen. Einige Leute glauben, daß Kundalini-Yoga, die kraftvollste Wissenschaft über des Menschen Stärke und über die Chakren, zu unterrichten, ein Geschäft sei. Die erste Sache, die Jesus tat, war, daß er all die, die um den Tempel herum Geschäfte machten, zerstreut hat. Tempel handeln nicht. Ein Altar hat niemals eine Alternative. Wenn euer Leben ein Altar wird, und wenn ihr diesem Altar als Lehrer dient, wenn ihr *seid*, als Lehrer, wird sich die Welt vor euch neigen. Wenn es eine Alternative zu irgendeinem Altar gibt, ist weder die Alternative noch der Altar in Ordnung.

Ihr müßt also verstehen, daß ein Lehrer kein Mensch ist. Ich habe euch die Definition eines Lehrers anderen Tags gegeben. (YB bezieht sich auf das shabad Gurdev Mata.) Das ist in den Worten Guru Nanaks geschehen. Die Fähigkeit, die Seite, die Qualität, die Kraft, die Stärke, die Projektion, alles das, das den Lehrer betrifft, ist wohl beschrieben.

Das ist eine große Sache, ein Lehrer zu werden. Leute kommen, berühren eure Füße, verbeugen sich vor euch, bekommen euren Segen, geben euch Geschenke – das ist alles wahr. Aber da gibt es eine Erwartung: Wenn alles versagt, ein Lehrer wird den Studenten nicht vernachlässigen.

Ihr versteht nicht; von euch, als kleinen Menschen, wird erwartet, den Willen der ganzen Menschheit zu tragen. Ein Lehrer trägt den Willen der ganzen Menschheit *plus* den Willen Gottes, *plus* das Selbst, *plus* jedermanns Schicksal. Das ist eine ganze Ladung. Lehrer zu sein bedeutet nicht einfach nur zu sagen, „Halte Deine Beine auf die Weise und Deine Hände auf jene Weise." Was ist Wissen? Es gibt Bibliotheken voll von Wissen. Warum verlangt jeder nach euch? Was ist Reichtum? Da sind Millionen von Millionären am Leiden und Verrotten. Ein Lehrer ist ein Ruhm, leuchtend, scheinend, vorherrschend, besser als Gott. Weil das Beste Gottes der *Lehrer* ist. Nanak hat im Lied besungen, was ein Lehrer ist. Ihr seht, nach 28 Jahren habe ich euch in die Definition eines Lehrers eingeführt, die ich die ganze Zeit über gekannt habe. Ich dachte, „Jetzt seid ihr so weit. Es kann sein, daß ihr mich überhaupt nicht versteht, aber wenigstens werdet ihr mich nicht hassen."

Das einzige Ding, das unsterblich ist, ist der Lehrer. Der ganze Rest soll gehen. Ein Lehrer zu werden, ist eure einzige Chance, unsterblich zu werden. Eure Stärke ist nicht euer Sex, nicht euer Geld, nicht euer Geschlecht, nicht eure Weisheit, nicht eure Intelligenz, nicht eure Ressourcen. Das einzige, das euch stets aufrecht erhalten wird, ist, daß ihr voll der Gnade seid und würdevoll.

Ihr werdet niemals in der Position sein, die 108 Elemente des Universums zu befehligen, solange ihr nicht perfekt versteht, zu gehorchen. Das ist ein einfaches Gesetz: Jede Aktion hat eine Reaktion, gleich und entgegengesetzt. Einige Leute wollen, daß die Schüler gehorchen, während solche Lehrer nicht einem einzigen verdammten Ding Folge leisten. Nicht nur, daß sie öffentlich Grundregeln der Menschlichkeit verletzen, ein-, zwei-, drei-, zehnmal. Schließlich wird der Tag kommen, an dem ihr in der Position seid, nichts mehr tun zu können, und an dem Tag wird niemand euch beistehen. Das ist das Gericht, der entscheidende Tag. Wenn ihr diese Erde ohne Freunde verlaßt, ohne Geld, ohne irgendeine Umgebung, die euch sagt, „Ihr wart hier." Das größte was ihr kriegen könnt ist ein Grabstein, „Geboren dann und dann, gestorben dann und dann."

Aber ein einfacher Junge, Jesus, von Fatima geboren, gehorchte dem Gesetz der Natur, gehorchte dem Gesetz Gottes, und kämpfte mit dem ganzen Römischen Reich. Man erinnert sich an ihn. Ob er gut war oder schlecht, besprechen wir nicht, aber er hat die Unsterblichkeit erlangt. Ein Sterblicher muß die Unsterblichkeit erlangen. Das einzige was ich heute von euch will, ist, daß ihr euch selbst vergebt. Vergebt euch selbst eure eigene Korruption. Ihr mögt nicht was ich sage, nicht wahr? Es ist in Ordnung. Wortspiel: In this life, life is a "lie-if" you have not found your personal truth. – In diesem Leben, ist das Leben eine „als ob Lüge"; ihr habt eure eigene Wahrheit nicht gefunden. Eure Frau, eure Kinder, euer Haus werden nicht mit euch gehen. Ihr habt mit ihnen zu gehen, wenn ihr sie tragen könnt. Also werdet ein Träger. Tragt jeden. Ein Lehrer ist ein Lehrer – alle übrigen in der Welt sind Schüler.

Ihr seht zu viele Dinge. Eure Gedanken sind zerstreut. Ihr selbst seid zerstreut. Die Tragödie ist, ihr habt nicht verstanden, was der Tod ist. Wenn ihr nachts schlaft, seid ihr nicht ein Mann, nicht eine Frau, nicht eine Zeit, nicht ein Raum und nicht ihr selbst. Dann, wenn ihr am nächsten Morgen aufwacht, nehmt ihr es wieder auf, das Kleid des Ego. Alle 24 Stunden gibt Gott euch eine Chance, das Ego loszuwerden; ihr seid total im Segen. Warum könnt ihr nicht die ganze Zeit darinnen bleiben?

Da gibt es einen Prozeß, das zu erreichen. Wie bei den Immobilien sagen sie, „Lage, Lage, Lage." Im Spirituellen sagt man, „Freundlichkeit, Freundlichkeit, Freundlichkeit." Ein Mann ohne Freundlichkeit und eine Frau ohne Anmut sind Tiere; es sind keine Menschen. Ihr müßt das einmal in eurem Herzen verstehen, und ihr müßt ihm in eurem Herzen folgen. Ihr müßt Lehrer sein aus eurer eigenen Anmut heraus und durch eure eigene Freundlichkeit euch selbst gegenüber. Wir können euch nur die Technologie zeigen. Wir können unser Herz mit euch teilen; wir können euch nicht zwingen. Diejenigen, die aufsteigen, um dem Zeitalter des Wassermanns zu dienen, werden in den Erinnerungen der Generationen, die ihnen folgen, ewig leben. Diejenigen, die lügen, werden später nicht mehr hier sein. Das ist ein einfaches Gesetz. Es ist nichts kompliziertes oder schwer zu verstehendes.

Einstmals, 1984, wurde der Goldene Tempel von der Armee, die dafür gedacht war ihn zu schützen, angegriffen. Viele unschuldige Leben gingen verloren. Aber das war ein Platz, von dem niemand geglaubt hätte, daß so etwas jemals passieren könnte. Es gab eine Menge Schmerz in der ganzen Welt. Der Papst protestierte vom Balkon des Vatikans. Der Dalai Lama protestierte vom indischen Boden aus, all das war angemessen. Guru Dass, schrieb aus der Gnade Gottes und des Gurus ein Lied, das für immer existieren wird. An diesem speziellen Tag bitte ich ihn, es für euch zu singen. Es ist das herrlichste Lied, das den Goldenen Tempel beschreibt, den Altar des Bewußtseins, wo Gott wohnt. Dies ist der einzige Platz in der Welt, der aus Gold und Marmor gemacht ist, um Sonne und Mond zu repräsentieren. Er ist im Mittelpunkt eines Wasserteiches, von dem gesagt wird, daß er seit 5000 Jahren die Menschen heilt. Menschen aus allen Lebensbereichen besuchen diesen heiligen Ort. Etwas, das wir angenommen haben, ist, daß wir jedes Jahr einmal dorthin gehen, um das umgebende *perkarma* des Tempels zu reinigen, in der Hoffnung, daß jemand Göttliches dort entlanggegangen ist, und wir die Segnungen teilen können. Ich werde Guru Dass bitten, das Lied zu singen. Dieses Lied wird leben. Die Regierung Indiens mag nicht leben, die Armee mag nicht leben, und die Leute, die es manipuliert haben, mögen nicht leben. Aber dieses Lied wird leben und uns daran erinnern, was wir zu tun haben, wenn wir die Erde regieren werden. Das grundlegende Ding, an das wir uns heute erinnern, ist: Greife niemals irgendjemandes Altar an. Störe niemals einen Gottesdienst. Und brich niemals irgendjemandes Herz – der demütige Schrei eines im Glauben verletzten Mannes kann das Universum verändern. Ein Christus ging ans Kreuz und das Römische Reich verlor sich selbst. Das ist eine Tatsache. Die Engländer haben 500 Männer, von denen sie wußten, daß sie unschuldig waren, vor die Kanonen gebunden. Und sie haben ihr Britisches Empire verloren. In der spanischen Welt hatten sie während der Inquisition begonnen, Menschen auf Stangen zu spießen – sie sind verloren. Das Ottomanische Reich – ihr könnt alle diese Reiche zählen und was sie getan haben. Wenn eine Regierung die Unschuldigen angreift und dem Göttlichen spottet, fällt sie der Zerstörung anheim.

In diesem November werden wir wieder zum goldenen Tempel gehen. Am besten ist das Gehen, Besuchen, und sich der Schönheit erfreuen. Aber ein Ding, das wir tun ist, daß wir das *perkarma* nachts reinigen. Das ist Tradition. Als ich ein Yogi war, pflegte ich sehr viele verkommene Dinge zu tun. Es war die Art des Lebens, einen Menschen umzudrehen, ein Auto anzuhalten, oder zu bewirken, daß ein Mann ohne Grund pinkelt. Aber ich habe meine Lektion auf eine Art gelernt, und ich wurde durch meine Einwirkung in Amritsar stationiert. Ich war der schlimmste Rebell, den eine Religion haben konnte. Dann war ich da für 4 1/2 Jahre, und ich habe das *perkarma* gewaschen. Gott und Guru haben mich gesegnet, und gaben mir die Empfindung der Freude, mein inneres Gefühl und mein Glück. Das ist es, was wir diesen November, wenn wir gehen, wieder miteinander teilen. Es ist eine Wallfahrt, die wir machen. Es ist nicht für irgendein anderes Glück, außer drei Dinge zu verstehen: Eure Disziplin, eure Ausdauer und euer Glaube. Es gibt kein anderes Versprechen. Ihr werdet das *perkarma* waschen, wie ich es gewaschen habe. Ihr werdet euch die ganze Nacht über jämmerlich fühlen, und am Morgen werdet ihr es lieben zu schlafen. Und es kann sein, daß ihr ein paar Pfund Gewicht zugenommen habt, weil ihr zuviel eßt. Aber die Idee ist, eure Disziplin zu testen, eure Ausdauer und euren Glauben. Das ist es, was wir tun.

Ich bin persönlich sehr dankbar, daß Guru Dass diese Gefühle in seinem Herz wahrgenommen hat und diese Worte von ihm kamen und er sie gesungen hat. Aber als er die Verse zu mir brachte, habe ich die letzten zwei sehr schweren Herzens verändert. Ich wollte es nicht tun, aber ich sagte, „Diese zwei Zeilen werden es vervollständigen." Ich werde Guru Dass bitten, daß er kommt und das Lied singt. Bitte hört darauf und singt mit, wenn ihr es könnt. Ihr müßt dieses Lied euren Kindern vorsingen, euren Schülern und den Generationen, die folgen. Dieses Lied zeigt den Bankrott menschlicher Manieren, des Glaubens, der Realität und des Charakters. Ihr müßt es kennen. Müßt verstehen, daß so etwas passieren kann, und passiert *ist*.

When Will I Walk On The Cold Marble Again?

by Guru Dass Singh Khalsa, Spain

When Will I walk on the cold marble again?
When will I feel the golden light in my eyes?
Bathe in the holy waters, dress your altar with flowers.
When will I walk on the cold marble again?

When will I walk on the cold marble again?
When will I feel the golden light in my eyes?
Bathe in the holy waters, dress your altar with flowers.
When will I walk on the cold marble again?

The silence of death has killed that song so ageless,
The turning of the pages, the prayers of the pure.
The waters turn red, the sky above has darkened.
Amidst these walls of silence, our prayers can be heard.

When will I walk on the cold marble again?
When will I feel the golden light in my eyes?
Bathe in the holy waters, dress your altar with flowers.
When will I walk on the cold marble again?

The Earth cries in pain, her heart has been broken.
Her sons have been stolen, imprisoned and slain.
Yet those who remain, the spirit grows stronger,
They suffer no longer, sheltered in the Name.

Soon we will walk on the cold marble again.
Soon we will feel the golden light in our eyes.
Bathe in the holy waters, dress your altar with flowers.
Soon we will walk on the cold marble again.

We shall rise again, in grace and strength together.
Sing our songs forever, and righteousness will reign.
The banner of the Name will wave in skies of glory,
Time will tell our story. We say, "Never Again."

Soon we will walk on the cold marble again.
Soon we will feel the golden light in our eyes.
Bathe in the holy waters, dress your altar with flowers.
Soon we will walk on the cold marble again.

Wann werde ich wieder über den kalten Marmor laufen?

von Guru Dass Singh Khalsa, Spanien

Wann werde ich wieder über den kalten Marmor laufen?
Wann werde ich wieder das goldene Licht in meinen Augen fühlen?
In den heiligen Wassern baden und den Altar mit Blumen schmücken.
Wann werde ich wieder über den kalten Marmor laufen?

Wann werde ich wieder über den kalten Marmor laufen?
Wann werde ich das goldene Licht in meinen Augen spüren?
In den heiligen Wassern baden und den Altar mit Blumen schmücken.
Wann werde ich wieder über den kalten Marmor laufen?

Die Stille des Todes hat den zeitlosen Klang getötet,
das Blättern der Seiten, die Gebete der Reinen.
Die Wasser wurden rot, der Himmel darüber hat sich bewölkt.
Inmitten dieser Wände der Stille können unsere Gebete gehört werden.

Wann werde ich wieder über den kalten Marmor laufen?
Wann werde ich das goldene Licht in meinen Augen fühlen?
In den heiligen Wassern baden, den Altar mit Blumen schmücken.
Wann werde ich wieder über den kalten Marmor laufen?

Die Erde schreit im Schmerz, ihr Herz wurde gebrochen.
Ihre Söhne sind gestohlen, gefangen und erschlagen.
Und doch wird bei denen, die bleiben, der Geist noch stärker,
sie leiden nicht länger, geboren im Nam.

Bald werden wir wieder über den kalten Marmor laufen.
Bald werden wir wieder das goldene Licht in unseren Augen spüren.
In den heiligen Wassern baden, den Altar mit Blumen schmücken.
Bald werden wir wieder über den kalten Marmor laufen.

Wir werden uns wieder erheben, in Würde und Stärke zusammen.
Sing unser Lied auf ewig, und die Rechtschaffenheit wird regieren.
Das Banner des Nam wird in den Himmeln des Ruhmes wehen,
die Zeit wird unsere Geschichte erzählen. Wir sagen, „Niemals wieder."

Bald werden wir wieder über den kalten Marmor gehen.
Bald werden wir wieder das goldene Licht in unseren Augen fühlen.
In den heiligen Wassern baden, den Altar mit Blumen schmücken.
Bald werden wir wieder über den kalten Marmor gehen.

Ein persönlicher Diener der Unendlichkeit

KLASSE 6 vom Abend des 23. April 1997

Ein Lehrer nutzt seinen kleinen Willen, seinen kleinen persönlichen Willen, um Gottes Willen fließen zu lassen ..... Jeder muß auferstehen, auferstehen, auferstehen, jeden Tag, jeden Moment, gegen alles Sonderbare. Jesus tat das einmal – ihr habt es die ganze Zeit zu tun.

Natur und Gott können euch nur eine Chance geben, aber es liegt an euch, auf der richtigen Seite herauszukommen. Ihr seid euch sehr wichtig. Es ist sehr wichtig, daß ihr euch kennen sollt, und am allerwichtigsten ist, daß jedermann euch als vertrauenswert, ehrenhaft, würdevoll, standfest, dienstbar, freundlich und mitfühlend kennt. Das sind ein paar Fähigkeiten eines Lehrers.

Ein Lehrer soll niemals einen Menschen um Hilfe bitten, weil Gott aufmerksam ist, wach und stetig im Einklang und alle Zeit die Wege weist, seinen Diener zu schützen. Ein Lehrer ist ein persönlicher Diener der Unendlichkeit, Herr der Göttlichkeit, Meister der Gnade und er befiehlt dem Schicksal.

Kontrolliert niemals einen Schüler. Andernfalls werdet ihr ein Gewicht schleppen, und das wird euch niederziehen – da spielt es keine Rolle, wer ihr seid. Wenn jemand eures Rates bedarf, sagt ihnen was es ist und geht weiter. Bleibt niemals stehen, andernfalls werdet ihr stinken. Fließendes Wasser ist immer sauber. Ja, Leute sind sehr attraktiv, aber niemand kümmert sich darum, wer ihr seid. Sie wollen wissen, daß ihr gelehrt seid, und daß ihr rein an Charakter seid, und daß euer Wesen erhebend ist. Man nennt das „Vibration." Eine Frau kann eine Prostituierte sein oder eine anmutige Frau. Beides sind Frauen, aber stellt sie zusammen, und ihr werdet den Unterschied fühlen.

Aber die Höhe eurer Persönlichkeit sind eure göttlichen Manieren. Manieren sind euer Leben, und um das Leben zu verstehen, gibt es nichts außer gemeinsamer Existenz. Das wird euch Frieden garantieren und euer Dienen und euer Lächeln werden euch Wohlstand bringen.

Wenn alles so offensichtlich ist, warum lügt ihr dann? Denkt ihr, daß ihr durch Leidenschaft geblendet seid, und die Welt nichts darüber weiß? Wißt ihr was Leidenschaft mit euch anstellt? Wißt ihr Bescheid über diese geistige Selbstbefriedigung, die ihr da macht? Euer Verstand arbeitet nicht länger. Ihr seid nicht ihr selbst. Ihr seid irgendwo anders. Ist das menschlich? Ist das ein Leben?

Wißt ihr, warum Gott euch einen freien Willen gegeben hat? Daß ihr euch selbst durcheinander bringen könnt. Es ist gerade so, als wenn jemand einen Penny hat und denkt, „Ich bin ein Millionär." Ihr seid hier einzig um ein Ding zu haben – um klar zu sein. Wenn ihr, als Menschen, nicht euer Herz öffnen könnt, seid ihr gerade wie ein Buch in der Bibliothek. Ihr könnt über Gott sprechen, ihr könnt von Gott hören, aber ihr wißt nicht was Gott ist. Ist das euer Gott, der negativ ist, schlimm, schrecklich, grausam und kläglich? Ist das euer Gott, der glücklich ist, wunderbar, verspielt, segensreich und nett? Dies sind die zwei Seiten Gottes in eurer Bewertung. Gott ist Gott – weder gut noch schlecht, weder richtig noch falsch, weder real noch irreal. Diejenigen, die zu Gott gehören, die erheben sich selbst. Sie gehen weder links noch rechts, sie gehen höher und höher, bis sie die Unendlichkeit erreichen und darüber hinaus. Sie kennen den Weg Gottes. Sie haben Schönheit, Freigiebigkeit, Segen, Maß, Bewußtsein und Zufriedenheit. „Gott ist mein Herr. Guru ist mein Führer. Er soll mich führen."

Die Welt ist Aktion und Reaktion. In dieser Welt benötigt ihr Klärung. Was ist eure Klärung? Es spielt keine Rolle, ob 200 in diesen Lehrgang kamen. Der einzige, der eine Rolle spielt, ist der eine, der lernen will, verstehen und nach oben wachsen. Der Rest ist ein Ausgleich.

Der Lehrer ist eine reine Form des Menschen, der impersonally personal – unpersönlich persönlich und personally impersonal – persönlich unpersönlich ist, und den nichts berührt. Lehrer weilen in solch einer weiten Dimension, ihr Vater hat solch eine große Villa, daß sie nicht einmal die Räume zählen können. Ein Lehrer hat kein Territorium, keine Zuständigkeit, keine Kontrolle und keine Kommunikation, außer dem Willen Gottes. Er benutzt seinen kleinen Willen, seinen persönlichen, privaten Willen, um Gottes Willen fließen zu lassen. Aber in der Gesellschaft hält er oder sie sich selbst rein, so daß die Leute durchsehen können. Ein Lehrer, der durch die

Leidenschaft geblendet ist, und Elend und Tragödie bewirkt, fordert sein oder ihr Leben und das Leben anderer. Ein jeder muß auferstehen, auferstehen, auferstehen, jeden Tag, jeden Moment, entgegen allem Merkwürdigen. Ihr müßt auferstehen, auferstehen, auferstehen. Jesus hat es einmal getan – ihr müßt es allezeit tun.

Wenn ihr etwas über das Leben lernen wollt, beobachtet die Wale. Der Wal ist ein riesenhaftes Monster, sehr vegetarisch, aber riesengroß! Er geht in die Tiefe, er taucht auf, er geht in die Tiefe, er taucht auf, er geht in die Tiefe, er taucht auf. Es ist ganz einfach, wenn die Zeit euch in die Tiefe drängt, kommt wieder hoch, sie drängt euch in die Tiefe, kommt wieder hoch. Die Wale schwimmen von Mexiko bis zu dem Nordpol. Aber einige sind glücklos. Sie bleiben in des Menschen Netzen stecken. Das ist das Ego. Sie schaffen es niemals. Sie werden zurückgelassen.

Für mich seid ihr die unglücklichsten menschlichen Wesen. Seht, was Gott getan hat. Es ist eine höchst klägliche Situation. Er hat euch hierher gebracht, jetzt werdet ihr Wissen haben, aber ihr werdet losgehen und nicht handeln. Zuvor wart ihr unschuldig, und ihr wußtet nicht was zu tun war. Jetzt wißt ihr was zu tun ist, und wenn ihr nicht vollendet, dann werdet ihr kläglich sein. Gott hat seinen Job getan. Irgendwie, durch irgendeine Provokation, eine Eingebung des Geistes, seid ihr hergekommen – nicht für einen Tag, zwei Tage, drei Tage – für sieben Tage. Jetzt hat man euch gesagt, was ein Lehrer *ist*. Vorher wart ihr einfach Lehrer. „Ich bin ein Lehrer. Ich bin eine Kreatur, die ein Lehrer wird." Aber wer ist jetzt im Begriff, für euch zu arbeiten, Herr Lehrer?

Jeder Schüler, der zu einem Lehrer kommt, ist in dessen persönlicher, grenzenloser Verantwortlichkeit. Für den Lehrer ist jeder ein Schüler, und es ist seine oder ihre Verantwortung, zu vollenden. Was ihr nicht vollenden könnt, wird euch zerstören.

Was ist eure Sprache? „Ich bin groß. Ich habe große Schüler. Ich habe viele Zentren. Ich, ich, ich." Das einzige Ding, das „i, mehhhh" sagt, ist die Ziege. Ich sage stets, „Der sieht aus wie ein Mann, aber eine Ziege lebt in dessen Person."

„Mehhhh." Habt ihr das gesehen? „Mehhhh." Das ist das größte „Ich" in der Welt. Diejenigen, die sagen, „ich, ich, ich," werden niemals ihr Drittes Auge öffnen. Sie verpassen tatsächlich die Tour. Weil das „Ich" und das „Göttliche Du" sich niemals treffen.

ਹਉਮੈ ਨਾਵੈ ਨਾਲਿ ਵਿਰੋਧੁ ਹੈ ਦੁਇ ਨ ਵਸਹਿ ਇਕ ਠਾਇ ॥
Homai naavai naal virodh hei, du-eh naa(n) vis-eh ik thaa-eh.
- Guru Amar Das, Siri Guru Granth Sahib, page 560
Ego is at variance with the Name, The two dwell not in one place.

Das Ego ist in Unterscheidung zum Nam. Die zwei weilen nicht am selben Platz.

Das Ego ist der Identität Gottes feindselig. Beide werden nicht am gleichen Platze leben.

Technisch gesprochen sind wir korrupt, sozial sind wir Jäger, geistig sind wir abgefahren und spirituell schlafen wir. Jetzt sind wir hierher gekommen, um erweckt zu werden.

ਬਹੁਤਾ ਕਰਮੁ ਲਿਖਿਆ ਨਾ ਜਾਇ ॥ ਵਡਾ ਦਾਤਾ ਤਿਲੁ ਨ ਤਮਾਇ ॥
Bahotaa karam likhiaa naa jaa-eh. Vadaa daataa til na tamaa-eh.
- Guru Nanak, Siri Guru Granth Sahib, page 5 (25th pauree of Japji Sahib)
God's large number of bounties cannot be recorded.
He is the great Giver and has no avarice whatsoever.

Die große Zahl von Gottes Gaben kann nicht niedergeschrieben werden.
Er ist der erste große Geber und kennt keinen Geiz.

Über keine Handlung gibt es irgendetwas zu schreiben, wenn nicht Gott ein wenig hilft. Das ist es, warum ich nach Amerika kam. Ich habe nichts beansprucht. Ich sagte, „Irgendetwas hat mir geholfen. Ich habe es erfahren. Ich teile mit euch die Lehren, wie sie sind. Wenn ihr es erfahrt, werdet ihr an der gleichen Stelle sein." Ich kümmere mich nicht darum, wieviele Schüler ihr habt. Alles, was ich wissen will, ist, wieviele Lehrer habt ihr gebildet? Ich kümmere mich nicht darum, welch großes Haus ihr habt – es ist komfortabel, es ist schön; ihr könnt euch daran freuen. Aber wieviel Sinn für Gerechtigkeit habt ihr erzeugt? Wenn mit dem Wohlstand nicht der Sinn für Gerechtigkeit einhergeht, ist das Leben eine lebendige Hölle. Weil, erinnert euch, jede Gute Tat oder schlechte Tat, wird eine Wirkung haben, gleich oder entgegengesetzt. Die Lösung für euch liegt in der Lösung des Verstandes. Wenn der Ruf kommt, könnt ihr gelöst gehen. Wenn das Flugzeug in Schwierigkeiten ist, springt ihr mit dem Fallschirm heraus und landet sicher. Da gibt es keinen anderen Weg.

Einige von euch sind Lehrer, und ihr habt Angst, Führer zu sein. Ein Lehrer führt durch seine Gegenwart, durch sein Beispiel, durch sein Wort, durch sein Wissen, durch seine Liebe, durch sein Mitgefühl und durch seine Freundlichkeit. Ein Lehrer ist eine Person, die einen Platz im Herzen des Schülers hat, nicht im Kopf.

Jetzt werdet ihr alle singen, „Bahotaa karam likhiaa naa jaa-eh." Dieses Lied wird eure Armut in Wohlstand wandeln. Sänger, kommt, kommt, kommt, kommt. Singt mit ihnen. Singt, singt, singt.

Meditation, um Armut in Wohlstand zu wandeln

Teil I:

Mudra: Sitze im Schneidersitz mit einem geraden Rücken, das Kinn angezogen, die Brust gestreckt. Bringe beide Hände ins *Giaan Mudra*. (D.h. berühre die Spitze des Zeigefingers mit der Spitze des Daumens, während die anderen Finger gestreckt sind.) Halte die rechte Hand etwas höher als die rechte Schulter. Die Handfläche weist nach vorne. Die Finger zeigen nach oben und die Hand ist in der Höhe des Gesichtes. Der linke Ellenbogen ist in die Seite gebeugt und die linke Hand ruht auf dem linken Knie. Auch die linke Handfläche weist nach oben.

Augen: Geschlossen.

Mantra: Singe den 25. Pauree des Japji Sahib laut.

Zeit: Die Meditation wurde für nahezu 28 Minuten durchgeführt. Dann gab er der Klasse eine Pause, um sie zu bitten, ihre Energie höher anzuheben. Danach haben sie die Meditation weitere 6 Minuten wieder aufgenommen.

Ende: Atme ein, halte die Stellung und gehe unverzüglich zum Teil II über.

Kommentare/Wirkungen: „Dieses shabad wird eure Armut in Wohlstand wandeln." Yogi Bhajan machte diesen Kommentar vor Beginn der letzten 6 Minuten: „Geht mit den Noten höher und singt, energetisiert die elektromagnetische Energie der Erde, und leitet sie in die Himmel. Seid nicht hier. Zieht die elektromagnetische Energie von der Erde durch euren Willen. Ihr seid jetzt soweit. Ihr habt eine blaue Bogenlinie, also stoßt sie in die Himmel."

Teil II:

Mudra: Das gleiche wie oben.

Atmung: Atme lang, tief und langsam durch die Nase. In der Stille höre den Klang des Mantras in deinem inneren Ohr.

Zeit: 4 Minuten, 45 Sekunden.

Ende: Atme tief ein, spanne deine gesamte Wirbelsäule, alle 26 Wirbel, vom Anfang bis zur Spitze, um die Energie von der Erde in die Himmel zu bringen. Halte die Luft 15 bis 20 Sekunden an. Dann feure den Atmen heraus. Wiederholt das ganze dreimal.

Kommentare/Wirkungen: In dieser Position zu atmen wird eure *pranische* Energie reorganisieren. Atme lang und tief und wechsle die Dimension deines Wesens in die darüber hinaus.

Nach dieser Meditation wurde nach einem Band für einige Minuten Bhangara getanzt. Yogi Bhajan sagte, es sei wichtig erst zu tanzen, bevor alle schlafen gingen. Das Ziel war, die Energie auszugleichen und das Nervensystem stark zu erhalten.

Diene der Zukunft

KLASSE 7 vom Morgen des 24. April 1997

Kommt zu mir mit eurem Kopf in der Hand und verschmelzt mit dem Universum, dessen ich mich erfreue. Ihr könnt nicht in mein Haus kommen mit eurer steifen, neurotischen, schweinsköpfigen Situation. Dies ist ein Haus der Liebe, der Entspannung, des Dienstes, des Erhebens und der Freude.

Die erste Lektion, die ihr lernen müßt, ist, daß wenn ihr in der Gegenwart eines Lehrers seid, ihr nicht sprecht – ihr meditiert. Für einen Schüler braucht es etwa 31 Minuten Zeit, sich vorzubereiten, zu hören, zu analysieren, vollständig zu verstehen, was ein Lehrer im Begriff ist zu sagen. Wenn euer Gehirn nicht in der Lage ist, zu analysieren was ihr hört, ist darin kein Wissen für euch. Das Ziel hierherzukommen liegt darin, Lehrer zu werden und 10, 20, 100, 1000 Prozent mehr zu sein als ich es bin. Ihr könnt als ein Lehrer herumlaufen mit 1000 Schülern, aber wenn ihr nicht einen besseren Lehrer produziert als ihr es selbst seid, wird euer Stammbaum abbrechen, und das ist euer realer Tod. Der tatsächliche Tod gehört denen, die das Vermächtnis nicht erhalten können.

Für euch ist alles Emotion, Gefühl. Für mich ist das in Ordnung. Aber da gibt es eine Welt jenseits der Gefühle, jenseits von Emotion, Neurose und Verlangen. Und das ist eine freie Welt. Und das ist es, wo die Menschen Ekstase erfahren. Probleme lösen, in Problemen leben – jeder kann das. Aber was ihr braucht, ist es, euch selbst zu erheben. Eine Zeile wird das beschreiben:

ਜੇ ਸਉ ਚੰਦਾ ਉਗਵਹਿ ਸੂਰਜ ਚੜਹਿ ਹਜਾਰ ॥
ਏਤੇ ਚਾਨਣ ਹੋਦਿਆਂ ਗੁਰ ਬਿਨੁ ਘੋਰ ਅੰਧਾਰ ॥
Je sa-o chandaa ogav-eh sooraj char-eh hazaar.
Aytay chaanan hoodiaa(n), gur bin ghor andhaar.
- Guru Nanak, Siri Guru Granth Sahib, page 463
If a hundred moons rise and a thousand suns appear, even with such light, there would be pitch darkness without the Guru.

Wenn 100 Monde aufgingen und 1000 Sonnen erschienen, auch in diesem Licht, würde es pechschwarz sein ohne den Guru.

Wenn 100 000 Monde und 100 000 Sonnen da wären und alle würden scheinen – ohne den Lehrer ist die Welt dunkel.

Versteht ihr, wie arm ihr seid, wenn ihr nicht eine Person in der Welt habt, die euch sagen kann, was zu tun ist? Wenn wir die Stopzeichen von den Straßen nähmen, alles was ihr fändet, wären Unfälle. Was ihr also tut ist, ihr lebt von Zwischenfall zu Unfall, von Unfall zu Zwischenfall, weil ihr ein kleiner Teil des Universums seid. Wenn ihr euch nicht mit dem Universum harmonisiert, kennt ihr keine Harmonie. Without harmony you are N-O-T-H-I-N-G. – Ohne Harmonie seid ihr nichts. Nichts, nichts, nichts.

☺

Ihr alle habt Spitznamen, die euch von Freunden infolge ihrer Erfahrung mit euch gegeben wurden. Und was wir tun ist, wir bedenken, was eure Vergangenheit war, berechnen euer Schicksal und geben euch einen Zielnamen, einen spirituellen Namen. Das ist der Weg, den ihr zu gehen habt. Es setzt die Eichung, die Grundlage.

Dann bitten wir euch, euch der ältesten Sprache dieser Welt zu erinnern. Es ist die Sprache der Zigeuner. Da gibt es 84 Meridianpunkte an eurem oberen Gaumen, und wenn ihr diese Mantras aussprecht, berührt eure Zunge diese Meridiane und reizt sie. Dieser Kontakt erzeugt die Erfahrung, daß sich das Dritte Auge öffnet. Dann, nachdem ihr eure Zunge in einer bestimmen Art und Weise und Projektion gedreht habt, und mit jemandem sprecht, festigt das das ganze Seelensystem und wird organisiert für die Person zu arbeiten, und es befreit von Schmerz.

☺

Am Abend, wenn die Sonne bis auf 60 Grad auf den Planten herabgesunken ist, setzt euch nieder und meditiert. Man nennt das *Rehiras*. Es erhält und enthält eure Fülle. Dann, am Ende der Nacht, rezitiert den *Kirtan Sohila*. Ihr begebt euch selbst zu Gott, oder an zu eurem höheren Selbst. Am Morgen steht ihr wieder in der Unendlichkeit auf, die euch den Atem des Lebens gegeben hat.

Ihr wißt nicht, wie man gleichmäßig lebt. Es tut mir leid, euch das zu sagen. Ihr steht nicht morgens in der Unendlichkeit Gottes auf und sagt, „Danke Dir, ich bin Teil davon." Ihr kennt nicht die Sprache des „wir." Even in the word small, "S-M-A-L-L," "A-L-L" is contained. – Selbst im Wort klein ist alles enthalten.

Kommt zu mir mit eurem Kopf in der Hand und verschmelzt mit dem Universum, dessen ich mich erfreue. Ihr könnt nicht in mein Haus kommen mit eurer steifen, schweinsköpfigen Situation. Dies ist ein Haus der Liebe, der Entspannung, des Dienstes, des Erhebens und der Freude. Da gibt es keinen Unsinn hier. Wenn ihr euren Lehrer nicht erreichen und mit ihm verschmelzen könnt, wie könnt ihr mit dem Lehrer des Lehrers des Lehrers, dem Überlehrer, Gott, verschmelzen? Ich schlage nicht etwa vor, daß ihr mit eurem Lehrer schlafen sollt, und verkehren und all diese verrückten Dinge machen, was für euch normal ist. Ich schlage nicht vor, daß ihr Dinge tut, die von euch nicht erwartet werden. Ich frage, „Könnt ihr sein Herz erreichen?" Im Herzen des Lehrers sind vier Kammern: Eine pumpt die Information heraus, eine pumpt den Segen heraus, eine empfängt all die Gaben der Negativität und eine Kammer ist stark genug, sie zu reinigen. Warum sollte das mit dem Herzen bei irgendjemand anderem anders sein?

Ihr geht zu einem Lehrer und fragt ihn, „Was ist für mich drin?" Warum soll ich die Frage nicht umdrehen und euch fragen, „Was ist für mich drin?" Euer ganzer Wohlstand kann mir nicht gefallen, das ganze Universum kann mir nicht irgendeine Befriedigung geben, wenn ihr nicht entschlossen seid, daß ihr mich überholen und zehnmal besser werden wollt als ich. Weil früher oder später wird die Welt, der ihr im Begriff seid gegenüberzutreten, sehr leer und sehr hart sein, voll extrem neurotischer Geister. Das ist eure Zukunft, in der ihr dienen müßt, inspirieren, lieben und helfen. Es liegt an euch, zu entscheiden. Einige von euch lieben ihr Ego so sehr, daß ihr nicht Teil der unendlichen Erweiterung werden könnt. Das ist eine traurige Geschichte. Manchmal seid ihr gehemmt. Nanak wußte das. Nanak wußte, daß wir Starthilfe brauchen. Manchmal kann unser Anlasser nicht starten. Die Worte von Nanak sind nur als Starthilfe nützlich. Diese Worte reizen den Thalamus und den Hypothalamus, und die Nervenzellen werden aktiv. Die toten Zellen sind verloren, und die Person wird leuchtend, schön und freizügig. Wenn ihr ein Auto anlaßt, ist es der Starter, der es anwirft, und dann läuft der Motor von selbst. Aber wenn der Anlasser es nicht startet, braucht ihr Starthilfe.

Ihr seid alle vollkommen. Ihr seid alle 30 Billionen lebende Zellen, jeder einzelne von euch. Jede Zelle kommuniziert mit jeder Zelle perfekt. Ihr aber seid so super dumm, daß ihr nicht miteinander sprechen könnt. 30 Billionen Zellen sprechen miteinander auf demselben Level, mit Ausnahme von euch, weil ihr nicht unschuldig sprecht. Ihr sprecht mit Absicht. Gier ist euer Führer. Ihr seid nicht real – nicht wahrhaftig.

Die Menschen könnten euch „Schläger" nennen, sie können euch viele Namen nachrufen, aber sie verstehen nicht, daß wenn sie euch entschlossen laufen sehen, es der Moment ist, wo ihr euer Schicksal bestimmt. Wenn sie euch aufrecht laufen sehen, dann ist der Abstand gedeckt. Alles was ich sage ist, „Gebt Gott eine Chance euch zu lieben, euch zu helfen und mit euch zu sein." Warum macht ihr nicht eine Verabredung mit Gott? Warum macht ihr Verabredungen mit allen möglichen anderen? Verabredete euch mit dem Einen, der euch erschaffen hat. Dann werdet ihr besser dran sein.

ਘਰਿ ਤਾ ਤੇਰੇ ਸਭੁ ਕਿਛੁ ਹੈ ॥ ਜਿਸੁ ਦੇਹਿ ਸੁ ਪਾਵਏ ॥
Ghar taa tere sabh kichh hei, jis de-eh so paavay.
- Guru Amar Das, Siri Guru Granth Sahib, page 917 (from the 3rd pauree of Anand Sahib)
Everything exists in Your House. The one to whom He gives, shall receive the same.

Alles existiert in Deinem Haus. Der eine, dem Er gibt, soll dasselbe erhalten.

„Gott, alles gibt es in Deinem Haus, aber wem Du gibst, das ist der eine, der empfängt." Aber wer empfängt die Gaben? Wer erhält die Glückwünsche? Diejenigen, zu denen wir unsere Verbindungen empfinden. In der kosmischen Energie, wird die Frequenz unserer Seele im System, in dem wir parallel sind, unsere stetige Beziehung. Es wird so sein: Seele wird in Seele reflektieren und mit Seele verschmelzen, die Verdopplung durchbrechen und Eins werden, sobald die geistige Kraft des Herzens neutral ist und die Person sich streckt, einfach, um Gott in der anderen Person zu suchen oder eine seelische Verbindung zu schaffen.

Alle übrigen Menschen leiden. Da ist nichts, was man tun kann. Das sind die Gesetze dieser Erde – sie sind nicht im Begriff zu wechseln. Eine Religion zu gründen und Leute zu sammeln ist nicht das, was wir brauchen. Da gibt es schon so viele Religionen. Wir benötigen Reality – Wirklichkeit, wir benötigen Identity – Identität. Wir brauchen nicht die Millionen zu identifizieren, um sie zu heilen, um ihnen zu dienen oder um mit ihnen zu sein. Unsere Religion ist in den Herzen eines jeden und wird nicht steckenbleiben darin, was ihr Kopf tut.

Das ist der wesentliche Unterschied zwischen dem Fische-Zeitalter und dem Wassermann-Zeitalter. Der Wassermann stillt den Durst von jedem, während die Fische darin symbolisiert sind, daß zwei Fische sich gegenseitig in den Schwanz beißen. Sieh zu, daß du aus dem Wasser kommst, greife dir einen Topf und stille den Durst von einem jeden.

Kommt her als Schüler. Laßt eure Egos draußen vor der Tür, hängt es weg mit eurem unruhigen Geist und eurer Theorie von Gewinn und Verlust. Kommt zur mir mit eurem Herzen und dem Kopf auf den Händen. Ihr werdet so schnell lernen, daß ihr es nicht glauben könnt. Gott will euch als Lehrer. Er weiß, daß das Wassermann-Zeitalter da ist. Dies sind erst 5 Jahre – in den nächsten 16 Jahren wird es eingerichtet sein, weil das die Übergangsperiode ist. Um seine Schöpfung zu retten braucht er einen neuen Lehrer.

Alle diese Männer, die große Lehrer sind, wie Hazarat Abraham, Moses, Jesu, den ihr Jesus nennt, Jesus Mutter Fatima, Rama, Krishna, Nanak – sie alle haben eine Stellung eingenommen für das Zeitalter. Das ist warum wir sie „Weise" nennen. Das ist es, was ihr werden müßt.

Als was ihr seid ist konsolidiert und geeicht in der einen Reinheit – ihr. Ihr mögt sagen, „Was ist dann für mich drin?" Ihr seid eine einzige Person, aber ihr habt 13 Diener, die Gott euch zur Arbeit gegeben hat – ihr habt 9 Öffnungen, 2 Hände und 2 Beine – und ihr müßt dafür sorgen, daß 13 Diener Gott dienen oder ihr werdet leiden. Das ist die erste Qualität eines Lehrers.

Dann, im Geiste von Guru Amar Das seid ihr der Ort für die, die keinen Platz haben, das Heim für die Heimlosen, der Erfolg für die Erfolglosen, der Schutz für die Schutzlosen. Ihr seid die Unterstützung für die, die keine Unterstützung haben. Denn Gott sagte, „Die, die ich verdammt habe, sollt ihr zur Göttlichkeit erheben." Das ist die zweite Lektion für einen Lehrer.

Die dritte ist, daß der Lehrer, der die Unendlichkeit lehrt und an die Unendlichkeit glaubt, von der Unendlichkeit abhängen muß. Ein Lehrer, der stets von der Endlichkeit abhängt, wird begrenzt bleiben und kläglich. Da gibt es bestimmte kosmische Gesetze, die ihr wissen solltet. Ihr habt nicht den kleinen Finger zu heben – die Dinge werden zu euch kommen, zu euch gebracht werden von Gott selbst. Wenn ihr nicht vorbereitet seid, seinem Willen mit einem Silbertablett in den Händen Gottes zu dienen, habt ihr eueren Trip zu dieser Erde vertan.

Es ist alles eine Frage des Herzens, nicht den Kopfes. Der Kopf macht euch zu einem Individuum – das Herz macht euch universal. Aber sogar hinter dem Kopf und dem Herzen seid ihr. Ihr seid nicht eine Seele, ihr seid nicht ein Verstand, ihr seid nicht ein Körper. Ihr seid derjenige, der alle drei kontrolliert. Ihr seid die treibende Kraft von allen dreien, um den Abstand und das Schicksal zu decken. Ihr habt ein Nervensystem, ein Kreislaufsystem, ein Drüsensystem, ein Zellenverjüngungssystem, eine Leber, die die Dinge wieder aufbaut und filtert und ihr habt eine Milz. Die ganze Maschine ist so kompliziert, aber auch so einfach.

Ihr bringt euren Wagen zur Wäsche, aber ihr wollt nicht zu einem Weißen Tantra Yogakurs kommen? Dabei werdet ihr für einen Tag in einen Kochtopf gesteckt, und ob ihr es wollt oder nicht, ihr werdet gereinigt. Ist euer Auto besser als ihr selbst? Wenn jemand euer Auto fährt und es zerkratzt, habt ihr gesehen was euer Gesicht dann tut? Gut, ihr werdet zerkratzt, euer Verstand wird zerkratzt, euer Geist wird jeden Tag zerkratzt – kümmert euch das nicht? In eurem Auto, wenn dort der Sitz zerbrochen oder zerrissen ist, oder jemand bringt euer Auto innen in Unordnung, den wirst du beim nächsten Mal nicht mitnehmen. Aber wenn jemand Tratsch weiterträgt, nicht die Worte Gottes, und bringt euren Körper, Verstand und die Seele in Unordnung, werdet ihr dann Freunde und gibst du ihm etwas zum Mittagessen? Was für eine Art Leben ist das?

Ihr wißt nicht, was in euch selbst vorgeht. Wie könnt ihr wissen, was in anderen Menschen vorgeht? Und ihr nennt euch selbst Lehrer? Was soll das? Ihr müßt wissen, was in euch und was in anderen Menschen los ist. Ein Lehrer ist ganz innen drin. Außen ist die Identität. Innen ist die Wirklichkeit. Und das Leben ist ein wirkliches Geschenk Gottes. Durch die *pranische* Energie habt ihr es bereits verdient. Es ist nicht, daß ihr Menschen wollt, weil ihr Menschen werdet wolltet. Nein, nein, nein. Ihr habt es euch verdient. Es ist voraus verdient. Ihr habt es vorher eingezahlt in eurem *pranischen* Bankkonto. Ihr könnt es mit Trinken, Hühnchen essen und Jagen und dem Töten von allem verschwenden oder ihr könnt es damit verbringen, eure Seele nach Hause zurückzuschicken, strahlend, schön und wundervoll. Nanak sagt es in einfacheren Worten als ich:

ਜਿਨੀ ਨਾਮੁ ਧਿਆਇਆ ਗਏ ਮਸਕਤਿ ਘਾਲਿ ॥ ਨਾਨਕ ਤੇ ਮੁਖ ਉਜਲੇ ਕੇਤੀ ਛੁਟੀ ਨਾਲਿ ॥
Jinee naam dhi-aa-i-aa, ga-ay masakat ghaal.
Naanak tay mukh ujalay, kaytee chhutee naal.
- Guru Nanak, Siri Guru Granth Sahib, page 8 (from the Slok of Japji Sahib)
Those who have meditated on God's Name will leave this world after putting toil in the right direction. They will go with brilliant faces; and many more will be emancipated along with them.

Diejenigen, die auf Gottes Namen meditiert haben, werden diese Welt verlassen, nachdem sie ihre Arbeit in der richtigen Richtung getan haben. Sie werden mit wunderschönen Gesichtern gehen; und mehr und mehr werden mit ihnen befreit.

Jinee naam dhi-aa-i-aa: Die, die auf ihre Identität meditiert haben, Ga-ay masakat ghaal: haben harte Arbeit verrichtet; Naanak tay mukh ujalay: Nanak, ihre Gesichter sind wunderschön und leuchten; Kaytee chhutee naal: ihre Konten sind alle geklärt. Mit den Worten von Nanak, euer Scheck wird nicht platzen.

Was ist euer Ego? Wieviel Geld ist auf eurer Bank? Wie ist euer Kreditspielraum? Ist das alles? So, warum kümmert ihr euch nicht darum, wieviel *prana* ihr habt, und wieviel Kredit ihr mit den *pranas* habt? Ihr seid durch Atem geboren, ihr lebt durch Atem, ihr werdet mit dem Atem sterben. Atem ist euer äußerster Meister. Atmet ihr jemals bewußt? Nein.

Da gibt es *shabad*, das wir heute abend singen werden. Es ist das *shabad* auf *Narayan*. Es ist einzigartig im ganzen *Siri Guru Granth*. Es hat so kraftvolle Worte. Es zwingt Gott, auf den Menschen zu projizieren und sich zu konzentrieren. Ich will euch erinnern, es einfach irgendwann zu spielen und zu sehen was es tut. Ich bitte euch nicht, mir zu trauen; ich will, daß ihr es erfahrt. Wenn es für euch nicht funktioniert, schmeißt es zusammen mit mir weg. Da gibt es keine Notwendigkeit, mit irgendetwas herumzuhängen, das für euch nicht funktioniert. Aber wenigstens gebt euch selbst eine Chance. Wenigstens gebt Gott in euch eine Chance. Wenigstens gebt eurem Abstand und eurem Schicksal eine Chance.

Da wird es nur ein einziges Wort im Zeitalter des Wassermanns geben. Menschen mit Erfahrung werden leben. Menschen mit Wissen werden sterben. Ihr entscheidet was ihr wollt. Es liegt an euch.

Eure Stärke liegt in eurer Reinheit und Frömmigkeit; eure Stärke ist in eurer Projektion und in eurem Dienst; eure Schönheit liegt in euren Manieren und eurem Verständnis; eure Freizügigkeit liegt in eurer Offenheit und Liebe. Ohne das seid ihr ein Müll. Also gebt euch selbst eine Chance. Gott hat euch eine Chance gegeben. Nehmt Seine Chance. Folgt nicht mir. Ihr habt zu führen und ich habe euch zu folgen. Die Zukunft eines Lehrers liegt in seinen Schülern. Ein Lehrer ist Gestern, der Schüler ist Morgen. Gebt euch selbst eine Chance und eure Chance soll andern klar machen, „Es ist wahr."

Geht los, wachst und leuchtet. Seid der Leuchtturm, seid die Antwort, nicht die Frage. Entfernt die Hindernisse aus dem Leben anderer. Gott wird die Hindernisse aus eurem Leben entfernen. Bemüht euch, das Unbekannte zu wissen, und jeder Mensch in der Menschenwelt, im Tierreich und im Reich der Engel wird euch kennen.

Trikutee Kriya

Teil I:

Kommentare/Wirkungen: „Wer immer dieses Mantra singen wird und es vollendet, wird alles über die Dreifaltigkeit wissen."

Mudra: Beuge die Ellenbogen an den Seiten des Körpers und halte die Hände nahe den Schultern, die Handflächen nach vorn. Forme die Hände zu Fäusten und strecke den kleinen Finger gerade nach oben.

Augen: Blicke auf die Nasenspitze.

Mantra: *Ayka Maa-ee* – den 30. *pauree* aus dem *Japji Sahib*.

Zeit: Im Unterricht für 18 1/2 Minuten durchgeführt.

Fokus: Sing laut mit dem Band, während du vom Nabelpunkt aus projizierst.

Ende: Bringe deine Hände in das Mudra für Teil II (siehe unten) atme tief ein und halte die Luft 17 Sekunden an. Atme aus. Atme ein, halte 5 Sekunden die Luft an. Atme aus. Halte die Luft 7 Sekunden an, atme aus. Atme jedesmal tiefer ein und besinne dich darauf, die Erkrankung aus deinem Körper herauszuwerfen, wenn du ausatmest.

Teil II:

Mudra: Halte die Stellung wie im ersten Teil, aber bringe die beiden Fäuste so vor dem Gesicht zusammen, daß sich die Spitzen der kleinen Finger berühren und etwa 12 cm vor der Nase ein Dreieck formen.

Augen: Blicke auf die Nasenspitze.

Mantra: Das gleich wie im ersten Teil.

Zeit: 5 1/2 Minuten.

Ende: Atme tief ein. Lege deine Hände auf dem Herzzentrum zusammen und presse mit der ganzen Kraft deines Körpers die Handflächen zusammen. Halte diesen Druck 17 Sekunden. Atme aus. Atme ein. Halte die Luft 2 Sekunden an. Atme aus. Atme ein. Halte die Luft 5 Sekunden an. Atme aus. Gehe über zum dritten Teil.

Teil III:

Mudra: Die Handflächen liegen aufeinander vor dem Herzzentrum. Strecke die Ellenbogen zu den Seiten und presse die zwei Handflächen heftig aufeinander.

Augen: Keine Angabe.

Musik: Wahe Guru, Wahe Guru, Wahe Guru, Wahe Jio von Giani ji.

Zeit: 8 1/2 Minuten.

Ende: Atme tief ein, richte deine Wirbelsäule auf, und halte die Stellung für 13 Sekunden. Kanonenfeuer-Ausatmung. Atme erneut tief ein, bringe den Muskelkörper in eine Einheit mit dem Nervensystem. Halte die Luft 17 Sekunden an. Kanonenfeuer-Ausatmung. Entspanne.

Kommentare/Wirkungen: Singe aus der Nabelebene mit der Spitze der Zunge. Laß es zu, daß es dich für Gott öffnet. Öffne die Chakras. Halte deine Wirbelsäule gerade und arbeite hart. Mit deinem Word, verbinde dich und erhebe dich.

Manchmal, wenn die Energie durch die Chakras geht und sie öffnet, ist dort eine Menge Müll in verschiedenen Chakras, und die Person geht durch eine Menge Beschwerden. Halte deine Emotionen nicht auf. Laß sie heraus.

Das Ziel dieser Meditation und dieses Lehrgangs ist es, die unteren Chakras zu öffnen. Seid also weder Macho noch selbstsüchtig und hört auf, alles kontrollieren zu wollen. Ihr seid hierher gekommen, um euer Herz zu öffnen. Der Rest geschieht nach dem Willen Gottes.

Was ist eure Realität?

KLASSE 8 vom Abend des 24. April 1997

Wir bitten euch nicht, religiös zu werden. Wir bitten euch eindeutig, spirituell zu werden. Um Gottes Willen, findet eure Seele. Findet heraus, woher ihr kamt, was ihr hier macht und wohin ihr geht. Schaut auf die Karte eures Lebens.

Jeder von euch hat drei Verstandesebenen: negativ, positiv und neutral. Jeder Verstand hat 81 Chakras, die gleichzeitig eure Schwächen, eure Ängste und eure Projektion bearbeiten. Die Frage ist nicht, zu welcher Religion ihr gehört. Die Frage ist, habt ihr eine Idee, worin eure Wirklichkeit besteht? Seid ihr vertrauensvoll euch der Tatsache bewußt, daß Gott euch erschaffen hat, daß ihr eine Kreatur seid, und daß ihr eine bewußte Person sein sollt? Ihr seid höchst besorgt, spirituell zu sein, denn in dem Moment, wo ihr spirituell werdet, bringt ihr die Religion in Unordnung.

Da sind 3 Milliarden Leute, die an die Bibel glauben. Nur wenige glauben an die Gebote und leben nach ihnen. In der Bibel gibt es 10 Gebote. Es sind Gebote. Es sind keine Bitten, es sind keine Anwendungen, sie warten nicht auf eure Antwort. Sie sagen, „Tu dies, dies, dies, dies, dies, dies, dies." Lest sie einmal und findet heraus, wie sehr ihr nach ihnen lebt.

Wir bitten euch nicht religiös zu werden. Wir bitten euch definitiv, spirituell zu werden. Um Gottes Willen, findet eure Seele. Findet heraus, woher ihr kamt, was ihr hier macht, und wohin ihr geht. Schaut auf die Karte eures Lebens. Unsere Mission ist einfach. Das Wassermann-Zeitalter dämmert – es kann nicht vermieden werden. Da werden Menschen sein, die an Erfahrung und Spiritualität glauben, die eine heilende Hand benötigen, die einen pflichtbewußten, starken Charakter und ein Herz benötigen, die werden einen Menschen suchen, der weit ist wie die Unendlichkeit, dessen Höhe jenseits des Himmels und dessen Tiefe jenseits des Zentrums der Erde liegt – der alles ist. Aber ihr wollt nicht alles sein. Ihr wollt was ihr wollt; ihr wollt nicht, was ihr nicht wollt.

Jedes Ding hat zwei Seiten. Die eine mögt ihr, die andere mögt ihr nicht. Aber ihr als Lehrer habt keine Wahl. Ihr seid nicht korrekt, ihr seid nicht richtig, ihr seid nicht real. Was soll das, mögen und nicht mögen? Mögt das was ihr nicht mögt. Das ist die Meisterschaft. Andernfalls seid ihr keine Lehrer – ihr seid ein zum Vagabund gemachter Jongleur. Laßt irgendeinen Feind vor euch kommen und blast ihn total weg mit der Flut eurer Liebe. Es ist mir so gegangen. Wir haben *gatka*, Schwertkampf gemacht. Und in dem Jahr wurde ich der Meister. Also wurde dieser Typ sehr ärgerlich mit mir. Eines Tages gingen wir für einen Spaziergang am Morgen, als er sein Schwert zog und sagte, „Ich will Dich herausfordern."

Ich sagte, „Ich liebe Dich. Ich will Dich überhaupt nicht herausfordern. Das ist nicht meine Lebensart. Aber wenn Du mich herausforderst, nehme ich die Herausforderung an und bin im Begriff, Dir das Schwert fortzunehmen und den Hals aufzuschneiden, das willst Du nicht."

Er sagte, „Los jetzt, laß mich sehen, wie gut Du bist. Du bist der Champion geworden, weil Du einen reichen Großvater hast, und weil Dein Großvater jedem Geld gibt."

Ich sagte, „Gut, das ist eine Angelegenheit der Ehre. Ich habe durch meine Verdienste gewonnen. Ich bin gewillt, für meine Ehre zu verlieren."

Er sagte, „Warum? Ich bin stärker als Du."

Ich sagte, „Nein, Du bist sehr schwach. Du bist ärgerlich, Du bist eifersüchtig, Du bist dumm. Du forderst mich auf einem Morgenspaziergang heraus. Das sind nicht die Umgangsformen eines Kriegsmannes."

Er sagte, „Du verstehst mich nicht, Mann. Wenn Du meine Herausforderung nicht annimmst, bin ich im Begriff, dich zu töten."

Im nächsten Augenblick lag er auf dem Boden. Ich stand über ihm mit seinem Schwert in meiner Hand. Dann gab ich ihm meine rechte Hand und sagte, „Steh auf, mein Freund. Du konntest mich nicht töten und ich will Dich nicht töten. Du bist so ärgerlich, und so von Deiner Eifersucht verbrannt, daß ich meinen Appetit nicht damit befriedigen will."

Dann, als er aufstand, gab ich ihm sein Schwert und sagte, „Können wir jetzt weiterspazieren?" Also hatten wir einen Spaziergang und unterhielten uns. Er erzählte mir, „Ich, ich, ich, ich, ich, ich will Champion sein!"

Ich sagte, „Im nächsten Jahr werde ich nicht teilnehmen. Wenn Du für ein Jahr von mir lernst, wirst Du Champion." Ich unterrichtete ihn für ein Jahr. Im nächsten Jahr war er besser als irgendeiner. Aber als mein Lehrer mich gegen ihn aufstellte, sagte ich ihm, „Ich will, daß Du gewinnst. Um Gottes Willen, sei nicht ärgerlich, sei nicht aufgeregt. Wenn Du ärgerlich bist, wenn Du aufgeregt bist und wenn Du es willst, wirst Du es nicht kriegen." Ich sagte, „Nimm mein Wort dafür, kämpfe fair."

Er sagte, „Ich bin besorgt, ich bin unsicher, ich habe es bereits gewonnen."

Ich sagte, „Nein, vergiß alles in bezug auf Ärger und Furcht. Ich habe Dich unterrichtet. Du weißt es besser." Die zwei Schwerter und die Schilde krachten wie Donner im Himmel. Jeder Angriff war glühend, schrecklich und jeder wollte den Schild des anderen und geradewegs in dessen Herz schlagen. Ich aber lächelte, als wäre es ein Spaß und war einfach sehr defensiv. Meine Verteidigung brachte mir den Sieg, weil er so ärgerlich wurde und begann so gewaltig anzugreifen, daß er müde wurde. Da habe ich ihm einfach das Schwert fortgenommen und seine Hand geschlagen. Ich habe ihm die Hand nicht abgeschlagen, aber er verlor den Schild. Dann schnappte ich das Schwert und gab es ihm, warf mein Schwert weg, nahm seine rechte Hand und hob sie hoch als Champion. Er sagte zu mir, „Das kannst Du nicht tun."

Ich sagte, „Wenn ich meinen Schüler nicht ehren kann, habe ich keine Ehre in mir. Du bist der Champion."

Mein Meister kam und sagte, „Du hast mich betrogen."

Ich sagte, „Mein Herr, Du hast mich Mitgefühl gelehrt, Du hast mich Dienst gelehrt, Du hast mich helfen gelehrt. Damit ist ihm geholfen, und er ist tatsächlich ein Champion. Laß uns dieses Recht jetzt nicht in Frage stellen. Später werden wir entscheiden."

Er lachte und sagte, „Du bist ein wahrhaftiger Champion, weil Du heute einen Champion geschaffen hast."

Also, wenn ich euch sage, „traut nicht dem Lehrer," bin ich sehr richtig. Der Lehrer hat einen sehr gut gemachten Plan, euch in das Spinnengewebe zu saugen und zu töten, vor eurem eigenen Bewußtsein. Traut nicht eurem Lehrer. Niemals. Er ist stets dabei auszuspähen, wo ihr versagen könnt. Das ist seine vornehmlichste Aufgabe, das ist sein erster Job. Wenn er euch nichts zeigen kann, wo ihr versagen könnt, wird jemand euch versagen machen. Euer Fehler ist seine Niederlage. Euer Sieg ist sein Sieg.

Schaut, was für eine Art Sikhs wir sind. Schaut. Wir sind Christen, wir sind Juden, wir sind Moslem, wir sind Buddhisten, wir sind Shinto, wir sind Hindus, wir haben alle Religionsrichtungen, die, wenn wir sie zusammen nehmen, sich selbst „Sikh" nennen. „Sikh" bedeutet Schüler.

Wollt ihr wissen, wie die Sikh-Religion eine Religion wurde? Da gab es einen Schüler von mir mit langen goldenen Haaren. Er wurde eines Tages auf dem Highway 10 bei Los Angeles vom Sheriff angehalten und ins Gefängnis gesteckt. Da nahm er das Handtuch aus dem Auto, wickelte es sich um den Kopf und sagte zum Sheriff, „Ich bin ein Sikh. Du darfst mir das Haar nicht schneiden. Du kannst mich nicht ins Landesgefängnis bringen." Also rief der Sheriff, der ein Freund war, uns an.

Ich sagte, „Gut, was ist das Problem, Sheriff?"

Er sagte, „Wenn da nur ein Strafzettel wäre oder zwei, kann ich das verstehen, aber das sind 100 Strafzettel. Dieser Typ hat nie einen Strafzettel in seinem Leben bezahlt. Dazu kommt, daß er keine Versicherung auf dem Wagen hat. Er ist gerast, also habe ich ihn gejagt, ihn angehalten und eingesperrt. Wir müssen ihn ins Landesgefängnis stecken, wo sie ihm die Haare schneiden werden. Er sagt aber, „Ich bin ein Sikh, ihr könnt mir die Haare nicht schneiden, ihr könnt nicht dies tun, ihr könnt nicht das tun." Ich sagte, „Gut, wenn er sagt er ist ein Sikh, dann ist er ein Sikh, aber ich will etwas Geschriebenes, das sagt, daß er Sikh ist."

Also nahmen wir einen Brief von einer der Gurdwaras, haben das Adi Shakti Symbol darauf getan und einen Sikh Dharma Briefkopf und dann haben wir darauf getippt, „So-und-so ist ein Sikh. Darum hat er das Recht, die Haare zu tragen, etc." Wir haben das unterschrieben und zu ihm gebracht.

Also kam dieser große Sikh, und ich sagte, „He, Du hast ja keinen Turban, Du hast ein verdammtes Handtuch."

Also, drei Tage später, als wir vor den Magistrat gingen, hatte er einen kompletten Turban und alles – er sah sehr gut aus.

Unser Anwalt sagte dem Magistrat, „Sir, dieser Mensch hat sich total gewandelt. Blicke auf seinen Turban. Er ist ein Priester geworden."

Und der Magistrat sagte, „Gut, hast Du Dich gewandelt?"

Er sagte, „Ja, my Lord, ich habe mich gewandelt."

Der sagte, „Geh."

Das ist es, wie Sikh Dharma begann.

Niemand wußte, was wir taten, aber 20 Millionen Leute machten eine Revolution gegen die Heuchelei von Zeit, Raum und Regierung. Man nannte es damals die Woodstock Nation. Viel wurde geopfert, getötet, haben gelitten, irreparable Verluste am Leben. Davon blieben 8 Millionen Leute in den Vereinigten Staaten übrig. Wir nennen sie „Yuppies." Sie führen das Land. Amerika ist nicht das Alte, nicht so wie es zu sein pflegte, und darum ist kein Land das, das es zu sein pflegt. Die Dinge haben sich geändert, an einigen Orten zum Schlechteren, an anderen zum Besseren.

Wir haben nicht in irgendeiner treibenden Weise daran teilgenommen, weil wir keine Anhänger suchen. Unsere Idee war es, die Menschen für das Wassermann-Zeitalter vorzubereiten. Das Lustige daran ist, der Sikhismus startete in Indien, und die Sikhs von Indien sind überall zerstreut. Aber sie sind so schüchtern, um mit uns die Hände zu schütteln, ihr könnt es nicht glauben. Der Unterschied ist, wir leben es, sie philosophieren darüber. Es wurde ein „Sarbat Dharam," es wurde ein Dharma von allen Dharmas. Jeder ist willkommen, niemand ist ausgeschlossen. Jeder hat seine eigene Art und Weise, Gott zu rufen: „Allah, Allah, Allah," „Ram, Ram, Ram," „Jehovah, Jehovah, Jehovah." Es ist ein Gott. Ruft ihn wie immer ihr wollt, aber ruft ihn!

Wir sind auf diesen Planeten Erde gekommen, um *bhugatee*. Bhugatee bedeutet die Schulden zahlen. Also laßt uns jetzt mit *Jugatee* spielen, mit dem technischen Gewußt-wie, nämlich, wie wir frei sind. Wir wollen kein billiges Gerede. Wir wollen nicht als Widerlinge handeln. Laßt uns nicht niedersitzen, klagen und heulen. Laßt uns stark sein, mit unserem Glauben an Gott und unserer Seele als unserem Freund und laßt uns die Arme ausstrecken, damit wir jeden erreichen können, der für uns erreichbar ist.

Im 10., 11. Jahrhundert, galt eine Person als tot, wenn nur eine einzige Locke des Haares abgeschnitten wurde. Nicht einmal alles Haar, nur eine einzige Locke. Nein, ich bitte euch nicht, das Haar zu behalten, um Gottes Willen. Wir sind nicht gekommen, um euch zu erziehen, die Haare zu behalten. Aber zumindest ist es unser Privileg euch zu erzählen, wozu sie da sind. Zumindest solltet ihr wissen, wozu die Haare da sind. Es gibt 26 Schädelknochen. Das ist eine medizinische Tatsache. Jeder Sektor des Schädels kontrolliert das gesamte Nervensystem des Gehirns. Als Menschen habt ihr die längsten Haare auf der Welt. Eure Haare sind aus reinem Protein. Man nennt es „schweres Protein." Wenn ihr es probieren wollt, nehmt etwas Erde und schneidet Haar in kleine Stücke, mischt es zusammen und pflanzt eine Pflanze. Nehmt etwas mehr Erde, tut Dünger hinein soviel ihr wollt und pflanzt dieselbe Pflanzenart dorthinein. Ihr werdet erschreckt sein, um wieviel stärker und besser die Pflanze mit den Haaren wächst, im Vergleich zu der anderen. Denn, so wie es ohne schweres Wasser keine Atomenergie gibt, habt ihr ohne reines Protein keine Kontrolle über die Neuronen und die Nervenzellen eures Gehirns. Also was tun wir? Wir nehmen all das Haar nach oben und bedecken die Krone und, damit es bedeckt bleiben kann, schlagen wir ein Tuch darüber.

Wißt ihr wie komisch ihr seid, so wurde die Yarmulk getragen. Sie war im allgemeinen 6,40 Meter lang und etwa 12 Meter breit. Wißt ihr was es jetzt ist? Das ist ein kleines Ding, das mit einer Haarspange gehalten wird. Habt ihr das gesehen? Adios. Macht nur weiter mit dem Bandel.

Ich weiß nicht, woher ihr das habt, daß wir Menschen zu Sikhs machen. Das tun wir nicht. Ehrlich vor Gott. Es ist nicht unser Ziel, Turbane auf jeden Kopf zu setzen. Wir haben keinen Boutique Shop und wir sind keine Kleiderhändler. Wir haben nichts mit euren Ängsten zu tun. Ihr könnt keine Furcht haben, wenn euer Geist erhoben ist. Auch ist es nicht so, daß alle, die Turbane tragen, großartig wären. Es kann sein, daß sie nicht verstanden haben, daß sie ihren Kropf gekrönt haben. Danach haben sie keine Schande, keinen Anspruch, keinen Gedanken, nichts. Sie sind der erste Diener der Menschheit.

Genauso wenig handeln wir mit Baumwolle, obwohl wir Baumwolle, Seide oder Wolle vorziehen. Auch sind wir nicht gegen Polyester, aber wir wollen einfach unsere Seele nicht in Unordnung bringen. Wir sind Vegetarier, nicht aus Entscheidung, sondern weil wir gehorchen. Unser Herr sagte, „Du sollst nicht töten." Also, werden wir nichts töten, um zu essen. Ihr wißt, wir essen nichts, was sich bewegt, schwimmt, fliegt oder fortläuft. Wie könnt ihr das Leben lieben, wenn ihr ein Leben tötet. Wie könnt ihr das rechtfertigen. Vergeßt nicht, ich kam von Indien, ich sage so viele Dinge. Warum sprecht ihr nicht über euch selbst? Fragt euch selbst eine Frage. Ihr seid so intelligent wie ich. Ihr seid so gutherzig wie ihr seid.

Nein, nein, nein, ich habe euch so gut gesehen. „Ahh, der Hummer, der eine." Der Typ hebt ihn hoch und schmeißt ihn in das kochende Wasser. Dann tut ihr Öl, Knoblauch und Butter darüber, brecht seine Knochen und eßt. Welch ein vornehmes Essen, welch eine vornehme Arbeit, welch ein vornehmes menschliches Wesen. Wir können nicht zu euch sagen. Eure Gefühle sind tot.

Da gab es einen kleinen Jungen, der, weil seine Freunde Fleisch essen wollten, zu seinem Vater sagte, daß er Fleisch essen wolle. Sein Vater sagte, „Wir essen kein Fleisch."

Er sagte, „Ihr eßt es."

Also fuhr in sein Vater am Samstag aus der Stadt und ließ ihn mit den Kühen und Kälbern auf einer Milchfarm spielen. Dann nahm er ihn mit zum Schlachthaus, wo er sah, wie eine Kuh angebunden wurde, der große Hammer kam und ihren Kopf schlug. Sie wurde bewußtlos, dann wurde ihr Hals aufgeschnitten, und sie wurde abgezogen.

Dann brachte er ihn zum Markt und sagte ihm, daß er lesen solle, was da geschrieben stand. Ihr könnt diesen Jungen töten, aber ihr werdet nicht schaffen, daß er nochmals Fleisch ißt, weil er sich daran erinnert. Er ist empfindsam. Wir sind in bezug auf eine Menge Dinge empfindungslos geworden.

Ihr seid hergekommen, um Lehrer zu werden. Das erste Ding, das ihr euch selbst beibringen müßt, ist, daß ihr hier seid, nicht um irgendjemand zu sein, sondern um ein Lehrer zu werden. Eine einfache Sache. Als zweites sagt euch selbst, was für eine Art von Lehrer ist sein wollt. Wenn ihr ein vollkommen göttlicher Lehrer sein wollt, müßt ihr ein Lehrer sein ohne Dualität. Wollt ihr das eine sagen und etwas anderes tun? Wollt ihr außen heilig sein und ein Sünder innen? Was wollt ihr tun? Bildet euch eine Meinung. Aber wenn ihr Lehrer des Kundalini-Yoga werden wollt, dann müssen eure Innen- und eure Außenseite heilig sein. Denn die Kraft eurer Berührung, eures Blickes und eures Wortes muß Wunder bewirken und wird Wunder bewirken.

Ich habe euch bei der Meditation heute morgen gesehen. Manchmal sind die Chakras verstopft und wenn die Energie kommt, öffnet sie die Hindernisse. Es ist nichts ernstes, aber es passiert einfach. Die Leute zittern, die Leute schreien, die

Leute rufen. Das ist wirklich. Es passiert. Aber einige von euch sagen, „Warum ist es mir nicht passiert?" Es ist euch nicht passiert, weil ihr manchmal die Augen nicht stetig auf der Nasenspitze haltet. Wenn die Haltung perfekt ist, wird das Resultat auch perfekt sein. Ich habe heute Morgen gesagt, „Richtet eure Augen auf die Nasenspitze."

Diesen April habe ich dem Khalsa Council verschiedene Übungen gegeben, die das mindeste sind, um eure Chakras offen zu halten. (Siehe Quellenanhang.) Alles was ich tun kann, ist sie zu öffnen, sie offen zu halten liegt in eurer Verantwortung. Ich kann nur meine Rolle spielen – ihr müßt eure Rolle spielen. Wenn diese zwei Rollen sich treffen, werdet ihr erfahren, was wir das Dritte Auge, *ajna* nennen. Das ist nicht schlecht.

Es ist wahr, wo Licht ist, kommen Motten und wollen es loswerden. Also in eurem Leben werden Tonnen von Hindernissen sein, Tonnen von Einwänden, Tonnen von Ängsten, Tonnen von Fragen. Alles da draußen ist gemacht, um euren Glauben zu rütteln. Wenn ihr euch darüber erhebt, dann, weil eure Kundalini aufgestiegen ist. Da gibt es eine Zeile aus dem Gurbani, die ich euch in Erinnerung bringen will.

ਕੁੰਡਲਨੀ ਸੁਰਝੀ ਸਤ ਸੰਗਤਿ ॥ ਪਰਮਾਨੰਦ ਗੁਰੂ ਮੁਖਿ ਮਚਾ ॥
ਸਿਰੀ ਗੁਰੂ ਸਾਹਿਬੁ ਸਭ ਉਪਰਿ ॥ ਮਨ ਬਚ ਕ੍ਰੰਮ ਸੇਵੀਐ ਸਚਾ ॥
Kundalanee surjhee sat sangat, parmaanand, guroo mukh machaa.
Siri guroo saahib sabh oopar, man bach karm sevee-ai sachaa.
- Sawaya in Praise of Guru Ram Das, Siri Guru Granth Sahib, page 1402
Associating with the saints, their spiritual nerve is opened and through the Supreme Guru, they enjoy the Lord of Supreme Bliss. The venerable Great Guru is over and above all, so serve thou the True Guru, in thought, word, and deed.

Indem sie sich mit den Heiligen zusammentun ist ihr spiritueller Nerv geöffnet durch den höchsten Guru.
Sie erfreuen sich des Herrn des höchsten Segens. Der ehrwürdige Große Guru ist erhaben und über allem und so dient euch der wahre Guru, in Gedanken, Wort und Tat.

Diese Zeile ist von einem sehr heiligen *bhagat* ausgedrückt und spricht über Guru Ram Das. Es sagt, „Die Kundalini ist erweckt, oh du wahrhaftige Versammlung. *Parmaanand* – der perfekte Gott – zeigt sich durch das Gesicht des Guru." Das ist die dharmische Kraft in allen von uns. Sie muß erweckt werden, und dann muß sie die führende Kraft in uns sein. Mit dieser unendlichen Kraft in uns, können wir immer dienen, glücklich sein und liebevoll.

Meditation für die Arcline

Teil I:

Mudra: Verschränke die Finger der beiden Hände und halte sie, mit den Handflächen nach unten, etwa 16 cm über den Kopf. Die Ellenbogen sollten gebeugt sein und einen Bogen über dem Kopf formen. Die Daumen berühren sich an den Spitzen und weisen nach unten. Achte darauf, daß das Kinn eingezogen ist und die Brust leicht gestreckt.

Augen: Schau auf die Nasenspitze.

Mantra: Das shabad *Narayan*, singe mit der Musik.

Zeit: 24 Minuten.

Ende: Atme ein und bringe dann sogleich die Hände flach über das Herzzentrum, die linke unter der rechten. Halte die Luft 15 Sekunden an. Atme aus. Atme ein. Halte die Luft 13 Sekunden an. Atme aus. Atme tief ein. Halte die Luft 8 Sekunden an. Atme aus. Fahre unverzüglich mit dem zweiten Teil fort, während du diese Stellung einhältst.

Kommentare/Wirkungen: Das ist eine Übung für die Bogenlinie.

Teil II:

Mudra: Halte die Hände flach auf der Brust, die linke unter der rechten.

Mantra: Das shabad *Narayan*. In den ersten 4 Minuten wird das Shabad gesungen und dann allein das Mantra *Narayan* für 2 Minuten gesungen. Sing laut aus der Nabelebene.

Zeit: 6 Minuten.

Ende: Atme tief ein. Presse mit deinen beiden Händen kräftig auf das Herzzentrum und drücke den Körper. Presse jeden Muskel sehr hart, daß die Energie gleichmäßig verteilt wird. (Die Spannung 10 bis 15 Sekunden halten.) Kanonenfeuer-Ausatmung. Wiederhole das ganze dreimal. Entspanne dich.

Teil III:

Stehe auf und tanze zu einem Bhangara-Trommel-Tonband.
In der Klasse ließ Yogi Bhajan eine Anzahl verschiedener Schüler Abschlußgebete jeweils in ihrer eigenen Landessprache sprechen.

Jubel Dir Guru Ram Das und heile die Welt!

KLASSE 9 vom Morgen des 25. April 1997

„Jubel Dir Guru Ram Das und heile die Welt." Es ist Sein Problem zu heilen. Euer Problem ist, ihn einzusetzen. Ihr habt nichts, worüber ihr euch Sorgen machen müßt. Wenn Er nicht heilt, wird Sein Name verdorben – was hat das mit euch zu tun? Die meiste Zeit wißt ihr nicht, was ihr tun sollt, nicht wahr? Da gibt es viele Momente, in denen ich nicht weiß, was ich tun soll. Also setze ich Ihn da ein.

Einmal zu einer Zeit wurde die Zivilisation auf der Erde ausgelöscht. Es passierte viermal. Wir sind im Laufe der fünften Zeit. Es ist das, was immer passierte, und die Menschheit hatte niemals die Wahl. Ich bitte euch nicht, das zu glauben, oder es zu verstehen. Aber dieses Mal ist es etwas anders. Die Menschen werden von einer Flut von Informationen getötet und ertränkt. Also Menschen, die mit Ego und Maya leben, die der Erde verhaftet sind, werden keinen Platz haben, weil all diese Wände, all diese Persönlichkeiten öffentlich bekannt sein werden. Der Computer wird die ganze Welt öffnen, aber es werden Krankheiten entstehen, die man „Computeritis" nennt. Das Nervensystem des Menschen wird zertrümmert. Die Menschen werden nicht körperlich kraftlos, sie werden geistig kraftlos. Das wird so ungeheuerlich, daß die Menschen zum Computer werden – wirf ein Programm ein und sie handeln. Das innere Zentrum der Persönlichkeit wird diese Welt verlassen. Während dieser Zeit werden sich einige wandeln. Einige bemühen sich, sich jetzt zu wandeln. Einige Yoga-Lehrer haben mehr Schüler, einige haben keine Schüler. Das ist okay. Aber morgen, wenn die Fluttore sich öffnen, wird euch die Menschheit treffen wie eine Flut. Erinnert euch dann daran, es wird nur ein einziger Satz zu hören sein, „Rette mich im Namen Gottes." Und ihr müßt durchkommen. Zu der Zeit wird euer Körper wie ein Leuchtturm wirken und ihr werdet Starthilfe sein für das Leben des anderen. Der kraftlose blockierte Verstand muß neu geöffnet und gestärkt werden. So wird das Leben wieder in vielen Menschen beginnen. Das ist eure Arbeit. Das ist, was ihr im Begriff seid zu tun.

Da ist nichts außer euch und es wird nichts außer euch sein. Die Kundalini soll in euch aufsteigen. Die Erfahrung wird euch die Kraft geben mitzuteilen. Ihr braucht die Stärke, um liebevoll zu sein. Wo immer ihr geht, wachst und leuchtet. Wenn ihr eure Persönlichkeit nicht opfern könnt, könnt ihr die Wahrheit nicht erreichen, weil eure

Persönlichkeit dunkel wird. Dunkelheit für euch, sie wird euer eigenes Hindernis sein. Werft sie ab. Das ist es, was wir sagen, das ist es, was Er lehrt. „Jubel Dir Guru Ram Das und heile Du die Welt." Es ist Sein Problem zu heilen. Euer Problem ist es, Ihn da einzusetzen. Ihr habt nichts, worüber ihr euch Sorgen machen müßt. Wenn Er nicht heilt, wird Sein Name verdorben – was hat das mit euch zu tun? Die meiste Zeit wißt ihr nicht, was ihr tun sollt, richtig? Da gibt es so viele Momente, in denen ich nicht weiß was ich tun soll. Also setze ich Ihn da ein.

He, laßt uns etwas tun, was funktioniert. Wenn irgendetwas von mir verloren geht, bitte ich den Heiligen Antonius, „bringe es her," und in der nächsten Minute kriegen wir es. Also müssen wir lernen, mit allen Heiligen und Weisen aller Religionen, aller Abteilungen und aller Splittergruppen zu sprechen. Ihr habt mit jedem zu sprechen. Es spielt keine Rolle, was ihr Glaube ist, was ihre Farbe ist, was ihre Kaste ist, was ihr Glaubensbekenntnis ist. Ihr habt zu heilen. Das ist die einzige Aufgabe, die ihr habt. *Seva* – Dienst. Selbstloser Dienst ist *seva*. Wenn ihr einmal einen Menschen heilt, und dienstbar, selbstlos eine grenzenlose Rechtfertigung habt, werdet ihr stets geliebt und man wird sich an euch erinnern.

Selbst jetzt, wo ich reise und Menschen treffe, die sagen, „Ahh, Yogi Bhajan, ich habe Dich 1972 an dem und dem Ort getroffen."

Ich sage, „Und was machst Du jetzt?"

„Ich bin in der Chefetage von der Firma."

Ich sagte, „Du pflegtest doch ohne Hosen herumzulaufen."

Er sagte, „Oh, das war damals."

Die Menschen vergessen solche Berührung nicht. Die Menschen vergessen es nicht, wenn sie zu viele Drogen hatten und wir uns ohne Rücksicht auf ihre Bedingungen um sie bemüht haben.

Ihr habt die ganze Welt als Schüler im Kommando. Nicht, „ich habe 2000 Schüler, ich habe 100 Zentren." Das ist zu klein. Das ist ein Schatten. Ihr seid geboren, um die Schatten zu entfernen. Es wird nicht von euch erwartet, in Schatten zu leben. Es ist Zeit zu wachsen und an alle vier Ecken der Welt zu gehen. Es ist Zeit, nicht etwa euch auszustreuen, sondern das Wort. Es ist Zeit, Agenten Gottes zu werden, viel eher als Agenten eures Egos.

Aber habt Geduld. Geduld zahlt sich aus. Der Beweis ist, wenn das Karma eurer vorherigen Inkarnation gereinigt ist, und euer Mut stetig, und dann wird alles sich wenden und für euch arbeiten, ohne einen Ton zu sagen. Diesen Zustand des

Lebens müssen wir erreichen. Wir müssen wissen, „Gott und ich, ich und Gott sind eins " – immer. Nicht am Morgen, „Gott und ich, ich und Gott sind eins," und am Nachmittag „Gott und ich, kein Gott, ich, ich, ich." Hört mit diesem „ich, ich, ich, ich, ich" auf. Seht, daß ihr aus all dem herauskommt.

Meditation, um die Negativität zu schmelzen

Mudra: Sitze im Schneidersitz mit einem geraden Rücken. Beuge den vierten und fünften Finger in die Handfläche und halte sie mit dem Daumen unten. Strecke Zeige- und Mittelfinger gerade nach oben und halte sie gestreckt, Seite an Seite.

Halte diese Mudra zu jeder Seite des Gesichtes etwa 60 cm auseinander, die Handflächen weisen nach vorne und die Finger nach oben. Jetzt werden Unterarm und Finger leicht zu den Seiten geneigt, daß ein 30 Grad-Winkel entsteht. Halte die Hände etwa in Höhe des Gesichtes. Die Ellenbogen sind gebeugt, aber nicht in die Seiten des Körpers gepreßt. Sie sollten etwa 24 cm von den Flanken entfernt sein. Das Gewicht der Hände soll auf den Achselhöhlen lasten. Das erlaubt den Achselhöhlen offen zu sein, daß sie atmen können und stimuliert werden.

Mantra: Aap Sahaa-ee Hoaa, Sachay Daa, Sachaa Dhoaa. Har, Har, Har. Das Tonband von Singh Kaur wird gespielt. Singe mit dem Band aus der Nabelebene.

Bedingungen: Um die richtige Wirkung zu erreichen, stoße jedesmal, wenn die Worte Har, Har, Har gesungen werden, mit der Zunge an den oberen Gaumen und ziehe den Nabelpunkt bei jeder Wiederholung kräftig ein. Das wird die Kundalini unter Druck setzen und von der Basis rütteln.

Augen: Entweder blicke auf die Nasenspitze oder schließe die Augen – beides wird funktionieren. Wie auch immer, wenn du auf die Nasenspitze guckst, dann wird die Gegend des Dritten Auges schwer wie Blei, und wenn du dem Schmerz standhalten kannst, wird sich das Dritte Auge öffnen.

Zeit: Im Unterricht für 27 Minuten durchgeführt.

Ende: Atme tief ein, halte die Luft 23 Sekunden an und konzentriere dich auf das Gebiet zwischen Nabel und Kronenchakra auf dem Kopf, auch *shashaaraa* genannt. Der Abstand ist nur 54 cm. Atme kräftig aus wie ein Kanonenfeuer. Wiederhole das zwei weitere Male, während du den Atem nur 5 Sekunden anhältst. Entspann dich.

Kommentare/Wirkungen: „Diese Meditation schmilzt Negativität, Feinde und negative Vibrationen. Es ist so eine powervolle Meditation, daß du damit sogar hinter einem Dämon herjagen und ihn zu einem Schüler machen kannst.

Die Achselhöhlen sind die Auspuffrohre des Gehirns. Darum ist der Schweiß der Achselhöhlen deutlich vom Schweiß am Rest des Körpers unterschieden. Wenn die Achselhöhlen nicht schwitzen, wirst du Kopfschmerzen haben. Wenn du den Geruch nicht magst, nehme etwas Sandelholzöl in die Achselhöhlen. Das wird gut riechen und im gleichen Moment dein Gehirn erfrischen. Wenn du körperlich kraftlos wirst, dann kannst du eine Injektion bekommen, um das zu bereinigen, aber wenn du geistig kraftlos wirst, bist du nutzlos. Dann kannst du nicht einmal für dich selber sorgen, für deine Zukunft, für deine Umgebung und für deine Empfindsamkeit.

Dieses Mantra nimmt deine Energie zum *shashaaraa*, dem tausendblättrigen Lotus, dem Kronen-Chakra. Es bedeutet, „Gott ist herabgestiegen als der wahre Helfer, um deine Wahrheit zu erheben." Das dreimal angestoßene Har repräsentiert den „*Vater, Sohn und Heiligen Geist*" oder die drei Aspekte Gottes „Brahma, Vishnu und Mahesh." Das Mantra öffnet dich genauso wie es dir das Universum eröffnet. Das ist ein einfacher Handeln.

Wenn ihr meine Schüler werdet, dann wird mein Strahlenkörper durch eure Lebenslinie fließen und ihr werdet unsterblich. Die Zeit soll bekannt sein durch eure Arbeit und eure Taten. Wenn ihr der Menschlichkeit dienen werdet, sollt ihr erhoben sein. Wenn ihr freundlich sein werdet, mitfühlend und liebevoll, soll Gott euch mit Seinen eigenen Händen ehren, da Er viele Hände hat. Das ist ein Ausdruck. Das Leben wartet auf euch und gibt euch eine Chance, es zu erheben. Versagt nicht.

Heilt die Welt. Geht los. Das ist der Grund, warum wir Sat Nam Rasayan begonnen haben. Berührt nicht einfach, sondern heilt. Ihr könnt es fühlen, nehmt alles in euch auf, werft es weg, die Person ist geheilt. Die mächtigsten Sprache der Welt ist die Stille. Und das ist die Sprache des Heilers. Erinnert euch daran.

Gebt Gott eine Chance

KLASSE 10 vom Abend des 25. April 1997

Gebt eure Sorgen, euren Schmerz, euer Unglück, alles an Gott, und nehmt Glück, Freunde und Lächeln mit nach Hause. Wofür habt ihr Gott, wenn Er nicht für sich selber sorgen könnte? Habt ihr Gott zum Leiden? Da gibt es keinen Gott, der leidet. Ihr leidet. Gebt euer Leiden an Gott und erfreut euch des Lebens.

Ihr habt immer Angst vor Morgen. „Soll ich ein Yoga-Lehrer werden? Werde ich arm sein, werde ich hungrig sterben, wird meine Geliebte mich verlassen. Da, da, da, da, da, da, da, da, da, da, da." Das ist es, was ihr tut. Aber wenn ihr einfach denkt, „Gott hat mich hierhergeführt. Ich bin im Begriff, es zu greifen. Für Gott ist es." Gebt Gott eine Chance zu arbeiten und seht was passiert.

Das ist es, was Nanak sagte:

ਦੁਖੁ ਪਰਹਰਿ ਸੁਖੁ ਘਰਿ ਲੈ ਜਾਇ ॥
Dukh parhar sukh ghar laijaa-eh.
- Guru Nanak, Siri Guru Granth Sahib, page 2 (from 5th pauree of Japji Sahib)

Gebt eure Sorgen, euren Schmerz, euer Unglück, alles an Gott und nehmt Glück, Freude und Lächeln mit nach Hause. Wozu habt ihr einen Gott, wenn Er nicht für sich selber sorgen könnte? Habt ihr einen Gott zum Leiden? Da gibt es keinen Gott, der leidet. Ihr leidet. Gebt euer Leiden an Gott und erfreut euch eures Lebens.

Ihr müßt ein Ding verstehen. Ich bin nicht hier, um euch zu meinen Schülern zu machen. Ihr seid die Lehrer von morgen. Ihr seid nicht meine Eingeweihten. Ich bin auf diese Welt gekommen, um zu dienen. Ich verdiene mein eigenes Brot, mein eigenes Geld, und ich gebe es euch zurück. Ich kam mit 35 Dollar und diese 35 Dollar habe ich immer noch in einer Muschel auf meinem Altar.

Ihr seid sehr reich. Kommt nach Espanola und seht euren Reichtum. Schaut auf diese Dienstboten. Sie dienen; sie arbeiten 18 Stunden am Tag. Sie können jedes Problem bereinigen, das ihr habt. Es kann etwas länger dauern, weil unser

Postsystem ein Schneckensystem ist. Aber darüber hinaus geht es uns gut. Wir leben in unserem eigenen kleinen Dorf, aber wir berühren den ganzen Staat.

Laßt uns das verstehen: Da gibt es eine Menge guter Dinge, die man von uns sagt und eine Menge schlechter Dinge, die man über uns spricht. Da gibt es schreckliche Dinge, die über uns gesagt werden. Da sind fabelhafte Dinge, die über uns gesagt werden. Aber für einen Yogi hat das Paar der Gegensätze keine Wirkung. Weder gut noch schlecht bedeutet irgendetwas. Jede Münze hat zwei Seiten – Kopf und Schwanz. Wenn ihr nicht versteht, werdet ihr versagen. Üble Dinge können euch nicht aufhalten und gute Dinge sollten euch nicht erschüttern.

Student: Vor ein paar Tagen hast du gesagt, daß wir nicht von unseren Schülern abhängen sollen. Bedeutet das, daß während wir Yoga-Lehrer sind, wir auch andere Geschäfte führen sollen?

YB: Wir sind nicht blutige Idioten, daß wir von unseren Studenten abhängen! Was für eine Art Lehrer sind wir? Was ist das? Das ist tatsächlich Prostitution. Ein Schüler hängt vom Lehrer ab, ein Lehrer hängt vom Schüler ab. Was meinst du damit „von einem Schüler abhängen?"

S: Ich dachte an all diese Menschen, die ihr Geld mit dem Unterricht verdienen.

YB: Laß sie Geld machen. Sie setzen ihre Zeit ein, sie arbeiten. Ist deine Zeit kostenlos? Niemand ist wie ich, ich habe meine Geschäfte, und ich kann tun, was ich will. Einige Menschen müssen Zeit und Geld und Haushalt einsetzen und das ist ihr Geschäft. Sie haben das Recht, Geld zu nehmen. Geld, weil ihr arbeitet. Unsere Löhne mögen ein bißchen höher sein als andere. Nehmt was ihr könnt. Was ist daran falsch? Aber tut die Arbeit – verdient aufrecht, verdient ehrlich, gebt dem Kaiser was des Kaisers ist und den Rest nehmt mit nach Hause.

Wißt ihr, jedes Geschenk, das mir in den letzten 28 Jahren gegeben wurde, ist in die Archive gegangen. Die Menschen haben mir Dinge gegeben, die Hunderte und Tausende von Dollar wert sind. Sie gehören den Leuten. Ein Lehrer hängt nicht von den Schülern ab, die Schüler hängen vom Lehrer ab. Wenn ihr nicht dieses grundlegende Gesetz lernt, werdet ihr es nicht schaffen.

Wie kann ein Lehrer vom Schüler abhängen? Ich verstehe das nicht. Es ist die Aufgabe des Schülern, unruhig, negativ und neurotisch zu sein. Andernfalls ist er kein Schüler. Das kommt mit dem Territorium. Ein Schüler ist ein Schüler – manchmal hoch, manchmal niedrig, manchmal schnell, manchmal langsam, manchmal gut, manchmal schlecht, manchmal ängstlich, manchmal sehr liebevoll. Manchmal wollen sie mit dir Sex haben; Manchmal wollen sie dich töten. Was glaubt ihr ist ein Schüler? Ein Schüler ist eine Kombination von aller Negativität, der realen, der vorgestellten, der phantasievollen – alles zusammen in einem Topf. Eure Aufgabe als Lehrer ist es, das zu reinigen, zu sortieren und dann das Kaninchen aus dem Morast zu ziehen. Wenn ihr diese Aufgabe nicht wollt, werdet nicht ein Lehrer. Wer lädt euch ein? Aber wickelt eure Persönlichkeit nicht ein, indem ihr das tut – das ist alles leicht geschehen. Der Schüler hat nur ein Ding zu tun. Er kommt und sagt, „Meister, das ist mein Problem." Alles was ihr zu sagen habt ist, „Guru Ram Das wird es lösen – jetzt geh heim." Wenn die Person voll Vertrauen ist, soll es gelöst sein. Wenn die Person nicht traut, wird es nicht gelöst. Wenn er oder sie es gelöst haben will, wird sie nicht einmal kommen. Sie sagt, „Guru Ram Das löse mein Problem." Es wird gelöst. Das geht so schnell. Die Worte „Guru Ram Das" sind die Telefonnummer Gottes. Versteht ihr das nicht? „Ram" bedeutet Gott. „Das" bedeutet Diener. Wenn ein Diener Gottes von euch gerufen wird, sagt Gott „Wer? Was? Wo? Warum?" und die Arbeit ist getan.

Ihr versteht die einfachen Sachen nicht. Ihr wollt komplizierte Dinge, verwirrende Dinge, die Dinge des Egos. Warum sollte ich euch sagen, daß ihr sehr gut seid, wenn ihr bereits sehr gut seid? Oder, sollte ich euch sagen, „Ihr seid gut", macht es das besser? Wird es euch zu den Besten machen?

Ihr müßt ein Ding lernen: Wenn ihr mit eurem Charakter und eurem Pflichtbewußtsein nicht das Morgen auf eure Schulter nehmen könnt, werdet ihr des Lebens nicht froh.

„Oh, wir sind Deutsche." Sowas? Ich habe allen Deutschen, als ich das letzte Mal in Hamburg war, gesagt, „Ihr habt zweimal versucht, die Welt zu erobern und ihr wurdet geschlagen. Jetzt erobert die Welt mit Kundalini-Yoga – ihr werdet niemals geschlagen."

„Oh, wir sind Franzosen." Seid ihr jemals Mensch? Seid ihr jemals die Menschen Gottes? Hört damit auf, andernfalls wird es mit euch aufhören. Ihr habt 16 Jahre. Bereitet euch selbst auf das Zeitalter des Wassermanns vor oder zerstört euch selbst und geht verloren. Wir sind bereits 5 Jahren im Wassermann-Zeitalter und in den nächsten 5 Jahren werdet ihr sehen, wie verstandesleer die Leute sein werden. Es passiert bereits. Die Menschen werden Computer und Computer werden Menschen.

Die Zeit ist Jetzt und Jetzt ist die Zeit. Für Wohlstand, es ist eure Offenheit, es ist euer Lächeln und es sind eure Grüße, die die Welt zu sich bringen kann. Geht, wachst und leuchtet und dient der Welt, heute und morgen. Teilt ihre Sorgen. Macht sie gesund, glücklich und heilig und werft eure persönlichen Tagesordnungspunkte weg – Gott wird für euch sorgen, wenn ihr für die Menschen sorgt. Das ist Raaj Yog. Das ist ein Kaiserliches Yoga. Das ist der Pfad des Weisen und des Kriegers. Die Mission ist, den Menschen im Frieden zu dienen und seinen oder ihre Ehre zu verteidigen. Fühlt euch nicht sauer. Tut eure Arbeit, und überlaßt den Rest Gott. „Was sollten wir tun? Was wird mir passieren? Ich kann nicht denken. Ich habe keine Antwort. Ich weiß es nicht." Macht ihr Witze? Das ist nicht eure Aufgabe. Erkennt einfach euren Guru. Es spielt keine Rolle, wie schlecht, wie häßlich, wie ungezogen ihr seid. Er ist im Begriff euch da hindurch zu führen. Keine Schuld. Wir haben den Apfel nicht gegessen, wir außen die Schlange. Erinnert euch daran. Wir haben diesen Abend genossen. Ich fragte Adam, „Wie hat Dir der Sex gefallen?"

Er sagte, „Gut, großartig." Oh, er hat es bestätigt. Eva war so scheu, sie konnte nicht einmal sprechen. Wir sind alle das Nebenprodukt dieser sexuellen Handlung, nicht wahr. Warum sollten wir also Schuld haben? Wir sind aus dem Garten Eden gekommen, um Fleisch zu essen und Arthritis zu haben und all das. Und wenn ihr kein Bewußtsein habt, trinkt ihr. Jetzt rauchen die Leute soviel, daß man nicht einmal durch eine Gruppe rauchende Leute hindurch kommt. Ihr wißt, das passiv Rauchen tötet schneller als das Rauchen. Es ist schrecklich. Jetzt wollen nicht einmal mehr die Fluglinien die Verantwortung übernehmen. Eine Tabak-Company hat aufgegeben; sie wollen mehr als 30 Milliarden Dollar geben, um aus dem Prozeß herauszukommen. Sie haben wissentlich Gift verkauft. 4 Millionen Menschen werden an der Tabakkrankheit sterben.

Die Dinge wandeln sich. Jetzt wollen die Menschen, bevor sie etwas essen, das Etikett lesen. Keiner greift es mehr einfach, kauft es und trägt es nach Hause. Sie wollen wissen, „Wieviele Kalorien hat es, ist es organisch oder anorganisch?" Die Welt wandelt sich – seid Teil des Wandels der Welt. Seid Teil von mir, ich werde Teil von euch sein. Laßt uns dem Zeitalter des Wassermanns dienen. Löst euch von aller Furcht, die ihr habt. Macht euch fertig zum Dienst. Fahrt fort. Seid die Fahnenträger.

Ich will jetzt mit euch teilen, wie man das „Om" singt. „Om" wird in der menschlichen Nasenmuschel gesungen. Nanak nahm das Geheimnis des Wortes „Om" und lehrte die Menschheit, wie es zu singen ist. Es wird im Dritten Auge gesungen, welches man die innere Muschel des Göttlichen nennt. Ihr atmet ein, und ihr singt, „Ek Onnnnnnnng Kaaar." (YB erzeugt den Klang, indem er die oberen Teile des Schädels schwingen läßt.) Atmet ein. „Ek Onnnnnnnnnng Kaaaar." „Ek Onnnnnnnnnnnng Kaaaar." Entspannt euch, entspannt euch. Wenn ihr es auf diese Weise singt, kommt das „Ong" manchmal wie heiße Luft aus der Nase. Also, bevor ihr das übt, ist es sehr gut, eure Nasenlöcher zu ölen. Achtet einfach darauf, wie es geschieht und betrachtet meine Nase sehr genau. „Ek Onnnnnnnnnng Kaar." „Ong" kommt da heraus (YB zeigt auf die ganze Länge seiner Nase von den Stirnhöhlen bis zu den Nasenlöchern.) „Kaar" kommt mit dem Öffnen des Mundes.

Das sind die Werkzeuge. Wir wollen keine Narren sein. Laßt uns sie benutzen.

Meditation, um an die Unsterblichkeit anzubinden

Durch diese Meditation arbeitest du daran, das „es", das Ego zurückzulassen. Mit diesem Mantra singen wir zu unserer eigenen Unsterblichkeit. Das wird euch ein Vermächtnis der Vervollkommnung bereiten.

Mudra: Sitze im Schneidersitz mit einem gerade Rücken. Die Arme werden zu beiden Seiten parallel zur Erde, also horizontal, ausgestreckt. Die Ellenbogen sind gerade. Die rechte Handfläche weist nach unten. Die linke Handfläche nach oben. Beide Hände sind ebenfalls flach ausgestreckt und sollten sehr steif und starr sein, wie Eisen. „Spreize die Daumen ab." Strecke die Daumen von den Handflächen weg, so daß sie, der rechte nach vorn, der linke nach hinten weisen.

Augen: Blicke auf die Nasenspitze.

Mantra: *The Aquarian March* gesungen von Nirinjan Kaur. Singe mit dem Band. Die Worte sind:
    Sat Siri, Siri Akaal, Siri Akaal, Mahaa Akaal
    Mahaa Akaal, Sat Nam. Akaal Moorat Wahe Guru.
Projiziere vom Nabelzentrum aus.

Zeit: 11 Minuten.

Ende: Atme tief ein, hebe die Hände über den Kopf, die Ellenbogen bleiben gestreckt und schlage die Handflächen heftig einmal aufeinander. Genau dann, wenn du mit den Händen zusammenklatschst, atme aus. Bringe die Hände zurück in die Position. Atme ein und wiederhole die ganze Folge siebenmal. Entspann dich.

Kommentare: Am Ende achte darauf, daß du jeweils nur einmal mit den Händen klatscht und zur selben Zeit ausatmest.

Das Leben ist ein Geschenk

KLASSE 11 vom Morgen des 26. April 1997

Die Menschen sind nicht an euren Klagen interessiert, an euren Tragödien oder an euren Trübsalen. Aus Sympathie oder Trägheit werden sie euch für eine Weile zuhören, aber nach einer Weile, das sage ich euch, werden die Menschen euch meiden. Die Menschen wollen eure Gesellschaft nur mit Liebe, Gefühl und Erhebung.

Wissenschaft ist Wissenschaft und jedes menschliche Wesen, ob Mann oder Frau, hat zwei unentwickelte Bereiche: den Frontallappen (YB legt seine Finger auf das Areal des Dritten Auges.) und den oberen Gaumen. Der obere Gaumen kontrolliert den Thalamus und Hypothalamus und der Frontallappen kontrolliert die Persönlichkeitsmuster. Wenn ihr erlaubt, daß sie sich nur nach Zeit und Umständen entwickeln, wird es keinen Unterschied zwischen euch und einem Tier geben. Die tierische Entwicklung folgt der Natur, dem Trieb. Eure Entwicklung muß der Intuition folgen.

Wenn ihr intuitiv nicht positiv wirksam seid, werdet ihr nach einer Zeit finden, daß es keinen Sinn macht. Der obere Gaumen hat 84 Meridianpunkte. Wenn ihr sprecht, stimuliert das die Punkte des oberen Gaumens. Das reizt den Hypothalamus und den Thalamus. Dann dreht sich die Mundhöhle um. Wir geben euch diese Werkzeuge, da, wenn ihr dann singt, eure Zunge einige bestimmte dieser Punkte berühren wird. Wir haben wissenschaftlich, durch Erfahrung, gefunden, daß die Permutation und Kombination der Worte, die Nanak gesprochen hat, eine absolut positive Wirkung auf den menschlichen Körper und das menschliche Wesen haben. Die Frage ist nicht, ob ihr mitgeht oder nicht. Die Zeit hängt niemals von den Menschen ab. Es ist an der Zeit, daß ein Mensch sie überwindet.

Manchmal trefft ihr jemanden und habt das Gefühl, ihr hättet diese Person nicht getroffen haben sollen. Da ist nichts falsch an der anderen Person, außer seiner Neurose, seinem Ärger und seinem Ego. Alles zusammen genommen, könnt ihr einfach nicht damit umgehen. Vergeßt es. Gott hat euch Körper, Geist und Seele nicht zur Folter gegeben. Laßt diese Freunde, die nichts anderes wissen, als euch zu verletzen. Das verschmutzt den Tempel. Es verletzt die Seele. Es ist für keinen von uns gut.

Einer geht, zehn werden kommen. Es wird keine Frage von Verlust oder Gewinn sein. Einige Menschen sind nicht in der Lage, sich selbst zu erheben. Sie haben vielleicht eine genetische oder eine seelische Grenze. Es ist nicht gut, Zeit zu verschwenden. Das beste ist, sich weiter zu bewegen.

Der einzige Heilige auf dieser Welt ist der, der ein Haus führt. Er füttert die Polizei, er füttert die Diebe, er füttert jeden und sagt immer noch, „Allmächtiger Gott, hilf mir." Das ist ein wahrhaftiger Heiliger. Trotz all der Scheidungen überleben die Leute. Trotz all des Durcheinanders überleben die Leute. Trotz all des Mißbrauchs überleben die Leute. Trotz all der Einschränkungen überleben die Leute. Trotz all der schlimmsten Erfahrungen überleben die Leute. Sie sind Heilige. Ein Heiliger ist niemand, der drei Wunder tun kann. Was sollen diese drei verdammten Wunder? Jeder Christ tut mehr als drei Wunder am Tag. Ich denke, man sollte sie alle zu Heiligen erklären. Da gibt es die Bedingung, daß da drei Wunder stattgefunden haben müssen, um eine Person als heilig erklären zu können. Jetzt blickt auf euch selbst – seit ihr heute Morgen aufgestanden seid. Bis jetzt, wieviele Wunder habt ihr überlebt?

Die Herausforderung des Lebens ist sehr tief und wirksam. Darum erinnert euch daran, das Leben ist ein Geschenk. Vergeudet es nicht.

Was immer beginnt, muß ein Ende haben. Ihr habt 45 Minuten für persönliche Fragen, so daß ihr gelehrt nach Hause gehen könnt.

Student: Wenn du „Ong" singst, vibriert es dann am Nacken?

YB: Nein, nein, ich hab den Nacken nicht, damit er vibriert. Sei kein Narr. Gott hat uns mit einer Muschel zwischen den Nasenlöchern und mit dem Hals versehen. Es ist die Muschel, mit der wir singen. Da hast du ein paar Klänge, daß du weißt, du singst korrekt. „Ek Onnnnnnnnnng...." Es ist unter deiner Kontrolle. Es ist kein Klang, den du mit dem Mund machst, es ist ein Klang, den du mit der Nase machst. *Ek* setzt du dahin. *Onnnng* geht heraus und dann bildest du das *Kaar*.

Nächste Frage.

S: Kannst du die abgebrochene Atmung erklären?

YB: Du meinst den achtstufigen Atem? Die Hypophyse, die Hirnanhangsdrüse ist die Meisterdrüse, der Meister der Intelligenz. Der Kreislauf der Hypophyse ist 11 Jahre. Im Laufe des Tages beginnt sie langsamer und langsamer auszuscheiden. Das ist der Grund, warum wir einige *kriyas* mit acht Stößen haben, um die Hypophysenausscheidung wieder zu richten. Wenn die Hypophyse nicht stetig mit einer mittleren Rate ausscheidet, werdet ihr ohne Grund vorwiegend negativ sein. Also ist es besser, die Hypophyse in Form zu bringen, so daß ihr Liebe projizieren könnt.

S: Wenn jemand eine Klasse unterrichtet, machen wir normalerweise die *kriya*, dann die Entspannung, dann die Meditation. Würde es richtig sein, die Meditation direkt nach der *kriya* durchzuführen und anschließend zu entspannen? Einige der Schüler fühlen, daß wir unterbrechen.....

YB: Schüler können zur Hölle gehen. Da gibt es eine Ordnung. Da ist niemand autorisiert, mich eingeschlossen, etwas zu verändern. Wir lehren. Wir reißen die Leute nicht an uns. Die Lehren sind unendlich. Die Lehren sind nicht dergestalt, daß ich sie mache, oder daß ihr sie machen könnt. Das ist nicht richtig. Wir gewinnen keine Wahl, und Kundalini-Yoga ist keine Demokratie. Es ist genau das, was es ist und es muß rein erhalten werden – so ist es.

Kundalini ist ein Kreislauf. Der Kreislauf der gesamten Produktivität der Erde und allem was da ist. Bei einigen bestimmten *kriyas* fragen die Leute, „Soll ich meine Augen schließen oder nicht?" Ich stelle niemals die Frage, genauso wenig wie ich sie beantworte. Das liegt an euch. Sie sind alle für die letzten 5000 Jahre erprobt und sie funktionieren. Da gibt es keine Notwendigkeit, irgendetwas zu wandeln oder zu verändern.

Wir sind keine Mission „zum Vergnügen des Schüler". Wir sind hier um sie zu Meistern zu machen, daß sie allem und jedem standhalten, mit Reinheit und Stärke. Wenn ihr dem Schüler gefallen wollt, macht Hatha Yoga. Das ist schön. Streckt ihn. Streckt ihn aus, nimmt dir 22 Jahre Zeit. Da gibt es 22 Schulen des Yoga. Praktiziert was ihr wollt. Hier ist ein Schüler ein gehorsamer Schüler und der Meister ist ein befehlender Meister. Wenn ihr nicht mit einem befehlenden Meister lernt, wie solltet ihr morgen ein Meister sein und befehlen? Ihr werdet ein Jo-Jo sein. Der Schüler hat euch nichts zu sagen. Sie gehorchen und sie erfahren. Auf diese Art und Weise ist ihr Verständnis tief, ihr Kopf ist klar, und Mutter Natur, so wie der Himmlische Vater beginnen solch einem Menschen zu dienen. Kundalini-Yoga ist keine Demokratie und wir wollen keine Stimmen gewinnen. Die Krone der Spiritualität kann nur durch Gnade erreicht werden. Sie kann nicht, soll nicht und wird nicht erobert. Bitte prägt euch das gut ein.

Wenn ihr lehrt, habt ihr nur ein einziges Privileg: *Ong Namo Guru Dev Namo*. Das ist es. Danach, teilt, was immer ihr erinnert, gesehen und erfahren habt. Was wollt ihr? Wirkung? Wirkung soll sein. Da gibt es keinen Grund, daß ihr nicht gewinnen dürft. Wenn ihr das singt und erlaubt, daß es zu euch selbst, zu Gott geht, dann versagt ihr nicht. Gott versagt und Gott mag nicht versagen. Er leistet sich den Luxus zu versagen nicht. Also habt Geduld, habt Glauben und lernt, zu geben. Das einzige Ding, das ihr jemandem geben könnt, seid ihr selbst. Mit dem Mantra übergebt ihr euch selbst Gott und Gott kommt an eurer Stelle. Einfach. Es ist einfach eine Liebesangelegenheit. Ein Lehrer und ein Schüler machen eine Verabredung – sie haben eine Beziehung – nicht im körperlichen Sinn, aber im spirituellen Sinn. Verlangen ist dasselbe. Seht ihr? Ihr habt eure Arbeit und euer Heim verlassen. Ihr seid hierhergekommen, weil ihr sein wollt. Ihr habt gelernt. Jetzt geht gelehrt nach Hause und erweitert euch selbst, breitet euch selbst aus. So funktioniert das.

S: Kann ich die Melodie des *Ong Namo Guru Dev Namo* leicht variieren?

YB: Es ist an der Rückseite der Muschel. Wenn du es veränderst, dann wird es stimmlich. Der falsche Schlüssel wird niemals das Schloß öffnen. Einige Sachen könnt ihr nach eigenem Denken tun. Andere nicht. Wir haben die Lehren des Kundalini-Yoga von der Zeit, seit wir sie kennen, bis zur Zeit, wo wir jetzt sind, rein erhalten. Das ist der Grund, warum, wenn einige Leute Kundalini-Yoga lehren, es nicht funktioniert. Sie lehren Philosophie, sie lehren Chakras, manchmal machen sie selbst *kriyas*. Das ist eine schöne Zeit, aber es wird nicht den Kern berühren. So einfach ist das.

Als erstes von allem, ist der Lehrer eine pflichtbewußte Person. Er ist ein Kanal, durch den das Wissen fließt. Er oder sie ist nicht das Wissen. Es ist der Schüler, der es trinkt. Der Lehrer ist nicht das Wissen, er ist der Geber des Wissens. Der Schüler ist der, der das Wissen nimmt. Warum sollten wir Ego darunter mischen und es wandeln?

S: Wenn wir „Ong Namo," singen, wenn wir uns einstimmen, ist das dasselbe, als wenn in der christlichen Religion der Heilige Geist angerufen wird? Ist das dieselbe Energie?

YB: „Guru Dev" ist ein sehr spezielles Wort. Es bedeutet „Oh, alles transparente Wissen, das uns vom Dunkel in den Sonnenschein bringt." Wir sagen nicht, „Nameh." Normalerweise werdet ihr sehen, wie die Leute singen, „Om Guru Dev." Sie sagen, „Nameh," nicht „Namo." Und wir sagen nicht „Om", wir sagen „Ong". Totality – Gesamtheit oder Reality – Wahrheit, kommen jetzt durch und erheben uns zum Licht. Das ist ein Schlüsselwort. Ich kann es nicht vergleichen, weil es nicht meine Aufgabe ist. Ein Christ, der es singt, wird dieselbe Wirkung haben; ein Buddhist, der es singt, wird dieselbe Wirkung haben. Wer immer diesen Schlüssel benutzt, kann den Raum öffnen. Alles, was wir lehren, ist der Schlüssel. Wir treten nicht in die private Sphäre des Raumes eines Menschen ein.

Wenn ihr sagt, „Guru Dev," das bedeutet Heiliger Geist, der Heilige Geist. „Ong Namo" ist der personifizierte Gott und das selbst ist der Sohn oder die Tochter. Das ist es, warum es in der Khalsa-Tradition keinen Mann und keine Frau gibt. Es ist ein gemeinsames Geschlecht. Reinheit und Frömmigkeit sind das reine Ergebnis davon.

Da gibt es einen Jesuiten-Priester, der mein Schüler ist, und eines Tages gab ich ihm ein Mantra. Nach all dem, saß ich mit ihm zusammen, er wurde erhöht und sagte, „Meister, gib mir ein Mantra." Das Mantra, das ich ihm gab, war, „Christ, Christ, Christ. No crisis, no crisis, no crisis." „Christ, Christ, Christ. No crisis, no crisis, no crisis."

Gestern ging ich zum Platz des St. Franziskus. Sie baten mich, ein Gebet zu sprechen. Ich betete. Ich möchte, daß ihr mit mir in das Gebet einstimmt. Auf den Rhythmus kommt es an.

"I offer Thee my ego. Grant me Your light.

Ego against light. Ego against light. Ego against light.

I offer Thee my ego. Grant me Thy light.

Ego against light. Ego against light. Ego against light.

Amigo, Amigo, Amigo. Thank you."

„Ich biete Dir mein Ego. Gewähre mir Dein Licht.

Ego gegen Licht. Ego gegen Licht. Ego gegen Licht.

Ich biete Dir mein Ego. Gewähre mir Dein Licht.

Ego gegen Licht. Ego gegen Licht. Ego gegen Licht.

Amigo, Amigo, Amigo. Danke Dir.

(Die Klasse applaudiert.) Was gebt ihr St. Franziskus? Gebt ihm eure Schwierigkeiten. Geht heim in Frieden. Was ist der Sinn, nach Assisi zu kommen?

ਦੁਖੁ ਪਰਹਰਿ ਸੁਖੁ ਘਰਿ ਲੈ ਜਾਇ ॥
Dukh parhar sukh ghar lai jaa-eh.
- Guru Nanak, Siri Guru Granth Sahib, page 2 (from the 5th pauriee of Japji Sahib)
You will then obtain joy in your mind and throw away your pain.

Ihr werdet in eurem Sinn die Freude erlangen und euren Schmerz von euch werfen.

Gebt eure Beschwerden Gott und nehmt Glück heim. Es ist das Glück, das ihr teilen könnt, nicht die Probleme. Gott ist an euren Problemen interessiert. Die Leute sind es nicht.

Die Leute sind nicht an euren Klagen, an euren Tragödien, an euren Nöten interessiert. Aus Sympathie oder Apathie werden sie euch eine Weile zuhören, aber nach einer Weile, das sage ich euch, werden die Menschen euch meiden. Die Menschen wollen einfach, daß ihr mit Liebe, Gefühl und Erhebung bei ihnen seid. Sie wollen nicht zuviel. Sie wollen nicht zu wenig. Ihr als Lehrer sollt vorgewarnt sein. Seid einfach langsam, stetig, verläßlich und ehrbar, von Charakter. Euer Lächeln und eure Süße können die Welt gewinnen. Wenn ihr süße Manieren und Sprache habt, könnt ihr die ganze Welt regieren. Es liegt an euch.

Wir werden jetzt den Tag mit einer kleinen Meditation beenden. Macht euch bitte fertig.

Meditationsset 1
Meditation, Gott zu erkennen

Teil 1:

Mudra: Sitzt im Schneidersitz mit einem geraden Rücken. Streckt die Ellenbogen gebeugt zu beiden Seiten. Bringt die Unterarme vor dem Herzzentrum parallel zum Boden. Die Handflächen sind flach, weisen nach unten, die rechte über der linken für Männer, die linke über der rechten für Frauen. Zwischen den Handflächen bleiben etwa 12 cm Raum. Die Lage der beiden Handflächen muß sehr präzise sein. Stellt euch vor, da ist eine Linie zwischen den Brustwarzen gezogen. Die rechte Hand sollte ein wenig darüber und die linke ein wenig darunter sein.

Augen: Blicke auf die Nasenspitze.

Mantra: Das 19. Pauree des Japji Sahib wird zur Musik gesungen:

ਅਸੰਖ ਨਾਵ ਅਸੰਖ ਥਾਵ ॥ ਅਗੰਮ ਅਗੰਮ ਅਸੰਖ ਲੋਅ ॥
ਅਸੰਖ ਕਹਹਿ ਸਿਰਿ ਭਾਰੁ ਹੋਇ ॥ ਅਖਰੀ ਨਾਮੁ ਅਖਰੀ ਸਾਲਾਹ
ਅਖਰੀ ਗਿਆਨੁ ਗੀਤ ਗੁਣ ਗਾਹ ॥ ਅਖਰੀ ਲਿਖਣੁ ਬੋਲਣੁ ਬਾਣਿ ॥
ਅਖਰਾ ਸਿਰਿ ਸੰਜੋਗੁ ਵਖਾਣਿ ॥
ਜਿਨਿ ਏਹਿ ਲਿਖੇ ਤਿਸੁ ਸਿਰਿ ਨਾਹਿ ॥ ਜਿਵ ਫੁਰਮਾਏ ਤਿਵ ਤਿਵ ਪਾਹਿ ॥
ਜੇਤਾ ਕੀਤਾ ਤੇਤਾ ਨਾਉ ॥ ਵਿਣੁ ਨਾਵੈ ਨਾਹੀ ਕੋ ਥਾਉ ॥
ਕੁਦਰਤਿ ਕਵਣ ਕਹਾ ਵੀਚਾਰੁ ॥ ਵਾਰਿਆ ਨ ਜਾਵਾ ਏਕ ਵਾਰ ॥
ਜੋ ਤੁਧੁ ਭਾਵੈ ਸਾਈ ਭਲੀ ਕਾਰ ॥ ਤੂ ਸਦਾ ਸਲਾਮਤਿ ਨਿਰੰਕਾਰ ॥

Asankh naav asankh thaav. Agam agam asankh lo-a.
Asankh kaheh sir bhaar ho-eh. Akharee Naam akharee saalaah.
Akharee giaan geet gun gaah. Akharee likhan bolan baan.
Akharaa sir sanjog vakhaan.
Jin eh likhai tis sir naa-eh. Jiv furmaa-ay tiv tiv paa-eh.
Jay-taa keetaa tay-taa naa-oh. Vin naavai naa-hee ko thaa-oh.
Kudrat kavan kahaa veechaar. Vaariaa na(n) jaavaa ayk vaar.
Jo tudh bhaavai saa-ee bhalee kaar. Too(n) sadaa salaamat nirankaar.
- Guru Nanak, Siri Guru Granth Sahib, page 4 (from the 19th pauree of Japji Sahib)

God, Name, and abodes are countless. Inaccessible and inscrutable are God's realms.
Even to say that they are countless is to carry loads of sins on one's head.
God's virtues and knowledge are sung through words.
The uttered hymns are recorded in letters.
The destiny of a mortal is written on his forehead in letters.
God, Who writes the destinies, has no such letters written on His forehead.
Mortals obtain that which is ordained by God. God's celebrity is as great as His creation.
There is no shelter except God's Name.
What power can describe God and His schemes? I cannot even once be a sacrifice to God. Whatever pleases God is the only good done, the Eternal and Formless One.

Gott, Deine Namen und Wohnungen sind unzählbar. Unerreichbar und unerforschlich sind Deine Reiche.

Allein zu sagen, daß sie zahllos sind, bedeutet, Lasten von Sünden auf eines Menschen Kopf zu laden.

Gottes Tugenden und Weisheit sind durch Worte gesungen.

Und die ausgedrückten Hymnen sind in Buchstaben aufgezeichnet.

Das Schicksal des Sterblichen ist auf seiner Stirn in Buchstaben geschrieben.

Gott, der die Schicksale schreibt, hat solche Lettern nicht auf der Stirn.

Die Sterblichen erlangen das, was von Gott bestimmt ist. Gottes Ruhm ist so groß wie seine Schöpfung.

Es gibt keinen Schutz außer Gottes Namen. Welche Macht kann Gott und Seine Pläne beschreiben? Ich kann nicht ein einziges Mal ein Opfer für Gott sein. Was immer Gott, dem Ewigen und einen Formlosen gefällt, ist einzig gut getan.

Zeit: 20 Minuten.

Ende: Atme tief ein und gehe sogleich zum Teil II über.

Kommentare/Wirkungen: „Jeder Lehrer wird in den Händen des großen Lehrers – Zeit – geprüft. Wir müssen die Zeit erobern."

Teil II:

Mudra: Bringe die Hände in Gebetshaltung vor das Herzzentrum. Trenne die Hände voneinander, so daß zwischen den gestreckten Handflächen ein Raum von 18 cm entsteht. Der Abstand muß genau 18 cm sein – nicht mehr und nicht weniger.

Augen: Keine Angabe.

Musik: Die Instrumentalversion von *Ardas Bhaee*. Pfeife mit der Musik.

Zeit: 9 Minuten.

Ende: Atme ein und gehe sogleich zu Teil III über.

Kommentare/Wirkungen: In dieser Haltung zu pfeifen wird deine Müdigkeit und Erschöpfung wegnehmen.

Teil III:

Mudra: Lege die Hände flach über den Nabelpunkt, die rechte über die linke. Presse hart auf den Nabelpunkt.

Augen: Keine Angaben.

Band: *Ardas Bhaee* in der gesungenen Version. Singe laut mit dem Band aus dem Nabelzentrum heraus. So, wie du die Worte singst, sei aufmerksam, daß die Spitze der Zunge den oberen Gaumen berührt und die Meridianpunkte reizt.

Zeit: 6 Minuten.

Ende: Atme sehr tief ein. Preß den Nabelpunkt mit beiden Händen und aller Kraft, so fest du kannst. Halte das 14 Sekunden. Atme aus. Atme ein zweites Mal ein, wiederhole alles, halte 13 Sekunden. Atme aus. Atme ein drittes Mal tief ein, presse und bringe das Muskelsystem der Wirbelsäule den ganzen Weg bis zum Nacken nach oben unter Spannung. Halte das für 16 Sekunden. Entspann dich.

Kommentare/Wirkungen: Wenn die Zungenspitze nicht den oberen Gaumen berührt, wird das was du sagst, nicht von der anderen Person in derselben Weise wahrgenommen, wie du es meinst.

Achte darauf, daß du während der ganzen Meditation den Nabelpunkt preßt.

Meditationsset 2
Meditation, dem Göttlichen Du die Oberhand zu lassen

Während dieser Meditation denke nichts. Laß den lebendigen Gott in dein Herzzentrum ein. Anstatt des „Ich" – laß dem „Göttlichen Du" die Oberhand.

Mudra: Sitze im Schneidersitz mit einem geraden Rücken. Die Hände vor die Schultern und bewege sie ein bißchen nach außen, zu den Seiten. Die Handflächen sind flach ausgebreitet, die Finger gestreckt.

Hand-Mudra: Spreize die Finger zwischen den Mittel- und den Ringfingern, so daß du Zeige- und Mittelfinger sowie kleinen Finger und Ringfinger eng Seite an Seite hältst und dazwischen ein V entsteht. Strecke die Daumen zu den Seiten, vom Rest der Hand weg. Bemühe dich, die Spaltung der Finger die gesamte Zeit über einzuhalten.

Augen: Geschlossen.

Fokus: Sitze in Ruhe und bringe den lebendigen Gott in dein Herzzentrum. Anstelle des „Ich" bringt das „Göttliche Du" hinein.

Zeit: Insgesamt 9 Minuten. Die ersten Minuten werden in Stille meditiert, dann wird das Band *Birthday Song* von Livtar Singh gespielt.

Ende: Am Ende sprach Yoga Bhajan das Abschlußgebet, während die Leute in der gleiche Haltung blieben:

Du, oh Du in mir und Du, oh Du in Dir.
Wer auch immer in mir und in dem Gottes verweilt,
soll geehrt sein, als ein Lehrer,
jenseits von Zeit und Raum, und soll befreit sein von dem Karma der Welt.
Die, die auf das Wort meditieren, sollen alles haben,
das im Königreich Gottes ist. Die, die es leugnen, sollen seine Gnade suchen.
Bis ins Zeitalter des Wassermanns marschieren die heiligen Seelen,
um die Herausforderung zu treffen,
der Menschheit zu dienen und sie zu erheben. Es ist ihr Sieg,
gewährt bei Deinem Licht und Deiner Hand bis zur Unendlichkeit.
Mit Wohlstand, Wahrhaftigkeit und Anmut,
daß der Wille Gottes wirken möge,
und unser Wille es erkenne.

Sat Naam.

@

Okay, jetzt seid ihr frei.

(Die Klasse applaudiert.)

Jetzt bin ich frei! Befreit.

Ich wasche mir die Hände. Ha, ha, ha. Jetzt liegt es an euch.

Ich hab getan, wofür ich kam, und wir werden es wieder tun,

wenn wir eine Chance haben.

He, ich bin immer zu euch gekommen.

Jetzt solltet ihr anfangen,

zu mir zu kommen, nach Espanola.

Wißt ihr was ich meine?

Ihr seid jung.

@

Laß die ewige Sonne auf dich scheinen,

ihr Licht dich leiten

und das reine Licht in dir

den Weg dir weisen.

Sat Naam.

Anhang

Quellen

A

Der Eid des Lehrers

B

Sola Kalyan Sumpuran:
Die 16 Facetten der Perfektion eines Kundalini-Yoga-Lehrers

C

Die Alphabete

D

Die Kunst und Wissenschaft der Befreiung

E

Die 10 Gebote und die 10 Versprechen

F

Die Mondzyklen und wie sie euch beeinflussen

G

Yogische Rezepte

H

Verweise über die Kräuter

I

In diesem Kurs empfohlene Bücher

J

Mantras und Musiktonbänder, die in diesem Kurs Verwendung fanden

K

Fünfteilige Meditation, gelehrt beim Khalsa Council

L

Kontaktadressen

A.
Der Eid des Lehrers

Der Eid des Lehrers

Ich bin keine Frau
Ich bin kein Mann
Ich bin keine Person
Ich bin nicht ich selbst
Ich bin ein Lehrer

Diese Gedanken sollen dich als einen Kanal reinigen und die Himmel durch dich bringen.

Die Mudra, die Yogi Bhajan mit diesem Eid gab, ist folgende:

Halte die linke Hand neben der linken Schulter, die Handfläche nach vorn gewandt, die Finger nach oben gestreckt, als wenn du einen Eid ablegst. Beuge die entsprechenden Finger nach unten, sobald du das entsprechende Segment des Eides wiederholst; bevor der nächste Finger gebeugt wird, strecke den gebeugten wieder nach oben:

Ich bin keine Frau. • Beuge den kleinen Finger herab.
Ich bin kein Mann. • Beuge den Ringfinger herab.
Ich bin keine Person. • Beuge den Mittelfinger herab.
Ich bin nicht ich selbst. • Beuge den Zeigefinger herab.
Ich bin ein Lehrer. • Beuge den Daumen herab.

Schließe deine Augen und konzentriere dich auf das *Agia Chakra* oder *Ajna Chakra*, das Dritte Auge; singe dreimal, *Ong Namo Guru Dev Namo*. Man nennt das *Naadhi Sodhani Kriya*. *Naadhi* bedeutet alle Kanäle. *Sodhanaa* bedeutet vollende sie. Eine *Kriya* ist es, weil es eine Handlung ist. Alles, das euch gegeben wurde, ist total rein. Nichts wurde hinzugefügt oder weggelassen. Das Ziel ist sehr einfach. Gib den Menschen ehrlich, was wir haben.

Auszug von einer Rede, vor Lehrern gehalten, am 23. März 1990 in Los Angeles, Kalifornien.

B.
Sola Kalyan Sumpuran: Die 16 Facetten der Perfektion eines Kundalini-Yoga-Lehrers

Yogi Bhajan, September 1995

1. Ein Lehrer wird niemals die Lehren aufgrund seiner eigenen Meinung verändern. Ihr werdet anhand eures Beispiels lehren.

2. Je höher du als Lehrer wächst, desto demütiger mußt du sein.

3. Der Lehrer dient stets den Schülern, so daß sie zehnmal stärker werden können als du. Denn jeder Schüler ist ein Lehrer für morgen.

4. Ein Lehrer muß extrem freundlich, liebevoll, mitfühlend und vergebungsvoll sein.

5. Als Lehrer solltest du stets rütteln, provozieren und gegenüberstellen und deine Schüler zu Exzellenz erheben.

6. Als Lehrer mußt du stets vorstellen, visualisieren, glauben und in allen Richtungen expandieren, dich mit allem verbinden, meditieren, üben und projizieren, daß du *Ang Sang Wahe Guru* (mit jedem Glied, jeder Teil von mir, ich gehöre dem Göttlichen) bist, so daß die Energie von Guru Ram Das durch dich fließt.

7. Als Lehrer wirst du dich stets in Chardi Kala (erhobener Geist) befinden und mit deinem höheren Selbst verbunden sein, niemals in emotionalem Aufruhr dich befinden. Zähle deine Segnungen, nicht deine Unglücke. Sei stets würdevoll. Leuchte und wachse.

8. Als Lehrer wirst du kontinuierlich in Richtung auf Göttlichkeit und Unendlichkeit fortschreiten. Sie sind die Essenz deines Seins. Du bist nicht ein Mensch,

geboren für die spirituelle Suche, du bist ein Geist, ein Atma (eine Seele), geboren für die Erfahrung als Mensch. Deine Reinheit und Frömmigkeit als eine Seele sind stets erhalten, geschützt, verherrlicht, projiziert als Priorität vor allem, und im Bewußtsein gehalten, geistig, körperlich und spirituell.

9. Als Lehrer höre und gehorche allen rechtschaffenden Lehren. Wenn du das liest, wirst du es wissen. Wenn du etwas schreibst, wirst du es verstehen. Wenn du etwas lehrst, wirst du es vollenden.

    Es ist die Vollendung deiner Äußerung, die dir die Würde als Lehrer verleiht. Dein Erfolg als Lehrer liegt nicht in dem was du weißt, sondern darin, was dein Schüler erhält.

    Ein Lehrer wird an seinem Wachstum, an seiner Würde und an der Vorzüglichkeit seines Schülers gemessen. Wenn du irgendein Talent findest, nähre es, lehre es, erhebe es nach dem Besten deiner Fähigkeiten und deiner Göttlichkeit.

10. Als ein Lehrer verbinde dich nicht mit dem Ego oder mit Politik. Verbinde dich stets mit dem Geist, der Seele und der Essenz einer Person. Verbinde dich stets mit der Intelligenz, dem Talent und dem Bewußtsein einer Person. Verbinde dich stets mit den Manieren, Methoden und der Denkungsart der Person. Reine Gedanken sind der Weg zu universellem Wissen und werden dich freigiebig, segensreich und schön machen.

11. Gott und Guru haben dich mit Karma, dem Gesetz von Ursache und Wirkung gesegnet. Als ein Lehrer mußt du dich selbst dem Dharma übergeben; d.h. Lebensstil und Rechtschaffenheit sollen das Geschenk des Lebens von Gott ehren. Schaffe niemals eine Spannung oder einen Riß zwischen dir und deiner Atma – Seele.

12. Während des Unterrichtes trägt ein Lehrer weiße Baumwollkleidung. Weiße Kleidung gibt dir als Lehrer göttliches Aussehen und repräsentiert das Licht. Die Farbe weiß repräsentiert die sieben Farben. Baumwolle ist die Blume der

Erde. Sie ist gut für deine Seele, für deine Energie und für dein Nervensystem. Die Art, wie du dich kleidest, sollte heilig sein und dich mit Würde strahlen lassen. Du solltest wie ein Weiser, ein Prinz oder eine Prinzessin des Friedens und der Göttlichkeit aussehen. Ein Lehrer ist ein Ph.D. – Prinz oder Prinzessin der Hohen Göttlichkeit.

13. So wie ein Samen vergehen muß, um ein Baum zu werden und Frucht zu tragen, werden Lehrer, die nicht vollendete Schüler werden, nicht zu vollendeten Meistern.

14. Der Universelle Geist, der die Erde rotiert, kann sich um alle deine Probleme kümmern. Als Lehrer mußt du lernen, zu vertrauen und zu glauben. Erfasse jeden Atemzug des Lebens als ein Geschenk. Bemühe dich um bewußtes Atmen, Atmen mit einem Atemzug in der Minute.

15. Das Banner eines Lehrers ist: „Ich weile in Gott." Der Waffenwimpel eines Lehrers sagt: „Ich vertraue auf Gott in mir." Die Ehre eines Lehrers ist: „Im Namen Gottes diene ich." Das Motto eines Lehrers ist: „Frieden im Geist und Frieden in der materiellen Welt."

16. Ein Lehrer muß sich dem Nam verpflichten, der Gott gegebenen Identität.
Ohne Naam kannst du nicht die Reinheit des Selbst haben, so wenig wie die göttliche Projektion der Gnade, alle Elemente zu meistern.
Ohne Pflichtbewußtsein kein Charakter.
Ohne Charakter keine Würde.
Ohne Würde keine Göttlichkeit.
Ohne Göttlichkeit keine Güte.
Ohne Güte kannst du dich nicht opfern oder anderen dienen.
Nein, Mitleid und deine Präsenz können nicht wirken und du kannst nicht glücklich sein.
Bedenke ein für alle mal, Glück ist dein Geburtsrecht und es ist stets richtig, glücklich zu sein. Also sei glücklich, gesund und heilig.

Wortspiel: We are all holy, because we all have nine holes. Adding two arms and two legs makes thirteen. You are born with thirteen, you will live with thirteen, you will die with thirteen. Thirteen (three and one) makes four-Cup of Prayer. Prayer is your power, your protector, and your provider.

Wir sind alle heilig, weil wir neun Öffnungen haben. Wenn wir dazu zwei Arme und zwei Beine addieren ergibt sich dreizehn. Ihr seid mit dreizehn geboren, ihr lebt mit dreizehn, und ihr werdet mit dreizehn sterben. Dreizehn (drei und eins) macht vier – der Kelch des Gebetes. Gebet ist eure Kraft, euer Schutz und euer Ernährer.

C.
Die Alphabete   von Yogi Bhajan

Alphabet eines Lehrers

A   Always fearless
    Stets furchtlos
B   Beautiful in public
    Bewundernswert in der Öffentlichkeit
C   Concentrated in their action
    Konzentriert in ihren Handlungen
D   Do as they are told
    Handeln wie es ihnen gesagt ist
E   Earth's friend
    Freunde der Erde
F   Friend to all
    Freunde gegenüber allen
G   Gives all happiness
    Gibt alles Glück
H   Happy when tested
    Froh, wenn er geprüft wird
I   Is a student of God
    Ist ein Schüler von Gott
J   Jumps ahead when behind
    Springt nach vorne, wenn er hinten ist
K   Keeps up
    Hält Schritt
L   Learns from the best teacher
    Lernt von dem besten Lehrer
M   Meditates on God
    Meditiert auf Gott
N   Never negative
    Niemals negativ
O   On the top
    An der Spitze
P   Prevails through the hardest challenges
    Behält bei den härtesten Herausforderungen
    die Oberhand
Q   Never Questions
    Fragt niemals
R   Ready for anything
    Bereit für alles
S   Soul is pure
    Die Seele ist rein
T   Teacher teaches others
    Der Lehrer lehrt andere
U   Uses the finest there is
    Benutzt das beste, das da ist
V   Vision, sees God in all
    Vision, sieht Gott in allem
W   Writes from the heart
    Schreibt aus dem Herzen

Alphabet einer Frau

A   Able
    Fähig
B   Blessed
    Gesegnet
C   Compassionate
    Mitfühlend
D   Dharma
    Dharma
E   Exercise
    Geübt
F   Fulfilled
    Erfüllt
G   Graceful
    Anmutig
H   Honest
    Ehrlich
I   Intellectual
    Verständig
J   Joyful
    Freudvoll
K   Khalsa
    Rein
L   Learned
    Gelehrt
M   Meditate
    Besonnen
N   Noble
    Edel
O   Organized
    Organisiert
P   Patient
    Geduldig
Q   Queenly
    Königinnenhaft
R   Radiant
    Strahlend
S   Smiling
    Lächelnd
T   Thoughtful
    Rücksichtsvoll
U   Understanding
    Verständnisvoll
V   Vital
    Vital
W   Wahe Guru
    Wahe Guru
X   Excellent

X   X-rays the aura of the person in need
       Röntgt die Aura der Person in Not

Y   Yells only at what needs to be awakened
       Schreit nur, wenn etwas zu erwecken ist.

Z   Zaps, then defends
       Macht sich bereit und verteidigt dann

       Exzellent

Y   Yoga
       Yoga – Verbunden

Z   Zestful
       Voller Begeisterung

Alphabet der Selbstachtung

A	Attitude
	Einstellung
B	Botany of Self-Esteem
	Pflanzenkunde der Selbstachtung
C	Corridors & Conditions
	Korridore und Bedingungen
D	Distance
	Abstand
E	Education
	Erziehung
F	Faculty
	Fähig
G	Grace
	Gnade
H	Him
	Ihn
I	Identity
	Identität
J	Joy
	Freude
K	Kindness
	Freundlichkeit
L	Loneliness
	Einsamkeit
M	Mother
	Mutter
N	Nature
	Natur
O	Option
	Möglichkeit
P	Power
	Kraft
Q	Quest
	Streben
R	Realism
	Realismus
S	Service
	Dienst
T	Trend
	Trend
U	Universality
	Universalität
V	Variety
	Vielseitigkeit
W	Wisdom
	Weisheit
X	Xing
	Kreuzen
Y	You
	Du
Z	Zeal
	Hingabe

Alphabet der Ehe

Qualitäten, um einen Mann einzuschätzen,
bevor er zum Manne genommen wird.

A	Age
	Alter
B	Beauty
	Schönheit
C	Career
	Karriere
D	Discipline
	Disziplin
E	Education and Excellence
	Erziehung und Exzellenz
F	Fantasies
	Phantasie
G	Grace
	Güte
H	Handsomeness
	Stattlichkeit
I	Intelligence and Intuition
	Intelligenz und Intuition
J	Jovialness
	Frohsinn
K	Kindness
	Freundlichkeit
L	Leanings
	Neigungen*
M	Manhood
	Männlichkeit
N	Nature
	Natur
O	Optimism
	Optimismus
P	Patience
	Geduld
Q	Quickness, Quietness
	Geschwindigkeit und Ruhe
R	Reverence
	Verehrung
S	Sweetness
	Süße
T	Temperament, Truthfulness & Tolerance
	Temperament, Wahrheitsliebe und Toleranz
U	Uniqueness
	Einzigartigkeit

V	Variety & Virtues
	Vielfalt und Tugenden
W	Withholdings
	Zurückhaltung
X	X-ray Intuition
	Röntgen
Y	Youthfulness
	Jugendlichkeit
Z	Zeal
	Hingabe

*Du mußt die Neigungen des Mannes kennen, andernfalls kennst du den Mann nicht. Wenn sie eine Metallstraße bauen, sind stets Klauen daran. Bis zu einer bestimmten Temperatur wird sich das Material zusammenziehen, aber es wird nicht reißen. Bei einer bestimmten Temperatur wird es sich ausdehnen, aber es wird nicht hochspringen. Wenn zu irgendeiner Zeit das Wetter darüber hinausgeht, habt ihre keine Metallstraße mehr. Diese ausgleichende Toleranz nennt man „Leanings". Laß dich nicht faszinieren, bevor du nicht die Toleranzen des Mannes kennst.

Das Alphabet des Verwaltungsbeamten

A.   Ich bin ein Verwaltungsbeamter.

B: Ich werde jeden springen lassen und jeder wird mich springen lassen.

C.   Ich werde fangen, aber man wird mich nicht fangen.

D.   Diplomatie arbeitet für Entwicklung.

E.   Wirksamkeit, nicht was du verdient hast oder wünschst. Keine Prüfung oder Profit. Was du wirkungsvoll verhandelst.

F.   „F" steht für Zukunft. Harmonisch planende effektive Disziplin. Rationale Kommunikation wird erfolgreiche Zukunft garantieren.

G.   Gott, gut und Güte. Verwalte mit göttlichen Qualitäten, gut im Benehmen und im Bemühen, für andere Güter zu erzeugen.

H.   Höhe. Ich bin die Leiter zwischen hoch und niedrig. Ich bin der Verwalter.

I.   Ich bin dir zu Diensten. Ich bin für dich da. Ich bin der Verwaltungsangestellte, der dem Ruf der Pflicht gehorcht.

J.   Jeder Knilch soll mit einem Witz behandelt werden. Humor ist die Art der Kommunikation.

K.   Freundlichkeit kontrolliert effektiv alles.

L.   Die Langlebigkeit der Verwaltung hängt von meiner Wirksamkeit ab und von wirksamer Auseinandersetzung mit meinen Untergebenen und erfolgreiche Übergabe an meine Vorgesetzten.

M.   Manieren. Manieren garantieren die Reibungslosigkeit der Arbeit und machen den Tag.

N.   Natur. Die Natur des Dinges ist zu fühlen und mit ihr ist umzugehen. Erziehe jeden, an deiner Verwaltungsqualität festzuhalten.

O.   Gelegenheit. Gute Organisation bringt gute Gelegenheiten.

P.   Persönlichkeit. Verwirkliche eine reine Persönlichkeit mit der Kraft, Probleme zu lösen.

Q.   Verstehe schnell, aber urteile niemals.

R.   Rationales Einbeziehen von anderen zur Meinungsbildung, zur Lösung von Problemen und zum Fällen von Entscheidungen ist nicht Schwäche, sondern Stärke.

S.   Aufrichtiger, ernster Dienst ist die Art und Weise heiter, stark und empfindsam zu sein.

T.   Vertraue auf Gott und vertraue jedem für nichts. Beziehe ein, sei einfühlsam und entscheide entsprechend

U.   Universal, Universität und du existierst in einem Punkt.

V.   Tugend. Nimm die Tugenden anderer an, aber wertschätze deine eigene Würde. Das wird das Rennen gewinnen.

W.   Weisheit ist der äußerste Erfolg. Sei weise um im Leben aufzusteigen. Weisheit bringt Vorteil; ohne sie verlierst du viel. Weisheit ist tugendhaft, Weisheit ist ein Wert, den niemand zurückweisen kann. Weisheit erschafft das Königreich.

X.   Kreuze das Negative mit einer positiven Einstellung und gewinne mit einem besseren Ersatz. Plane gut und gedeihe.

Y.   Jugend. Sprich, sieh aus und sei jugendlich. Jugend ist eine Kunst und eine Wissenschaft. Es ist ein essentieller Bestandteil eines Verwalters. Kleide dich gut und sei gut.

Z.   Hingabe wird aufrufen und Wunden heilen. Gleich welcher Ursache – die Wirkung sollte Harmonie sein.

Alphabet der Qualitäten der Menschen

Hier sind verschiedene Kategorien der Menschen und wie sie sich im Leben verhalten.

A   Go and get it. They are restless; they get it.

B   Somebody should get it for them.

C   Get it and give it to me.

D   I was supposed to get it, what are you doing here?

E   Ease out and leave it for me, I am real.

F   Don't confuse me, and don't bother me.

G   God upside down people. I'm God, what I say is real, I am everything, if you don't know me, you don't know a thing. Get out of my life. Normally they are very intellectual, very accomplished, and very studied. They can speak on any subject and be extremely convincing. We also call them coffee-house preachers. They go to the coffee house and drink a lot of coffee and talk until the place closes.

H   These people are fascinating; highly sensitive and highly insensitive. You can never figure them out. They neither make any sense to themselves nor to anyone else. But they look pretty, they dress well and their first appearance is very exciting. They are like beavers; they create dams and stop everything.

I   The intellectuals. Intellectuals are never intelligent, but they feel completely perfect. They drone on and on expounding their knowledge, and after a while you can listen no longer. They sound like a quacking duck, and when people see them coming they avoid them. Intelligent people are those who know intellectually, but they adapt the aptitude. When an intellectual adapts the aptitude for patience, then he conceives the mission.

J   Jokers. They know everything, but they don't know anything. They can be anything. Like water, they have no shape of their own, but take the shape of whatever contains them. They will tell you they are an expert, but they will not stick to anything. Jokers never have the prime role. They are expert

A   Gehe los und kriege es. Sie sind ruhelos. Sie bekommen es.

B   Jemand sollte es für sie holen.

C   Hol es und gib es mir.

D   Es war für mich bestimmt. Was machst du hier?

E   Beruhige dich und laß es für mich, ich bin wirklich.

F   Verwirre mich nicht und belästige mich nicht.

G   Gottverdrehte Leute. Ich bin Gott, was ich sage ist real, ich bin alles, wenn ihr mich nicht kennt, kennt ihr gar nichts. Geht aus meinem Leben. Normalerweise sind sie sehr intellektuell, sehr kultiviert und sehr studiert. Sie können über jeden Gegenstand sprechen und sind extrem überzeugend. Wir nennen sie auch die Kaffeehaus-Priester. Sie gehen ins Kaffeehaus und trinken eine Menge Kaffee und sprechen, bis das Lokal schließt.

H   Diese Menschen sind faszinierend; hoch sensitiv und hoch unsensitiv. Du kannst sie niemals begreifen. Sie machen weder einen Sinn für sich selbst noch für andere. Sie sehen schön aus, ziehen sich gut an, und ihre erste Erscheinung ist sehr aufregend. Sie sind wie Biber. Sie bilden Dämme und stopfen alles.

I   Die Intellektuellen. Intellektuelle sind niemals intelligent, aber sie fühlen sich absolut vollendet. Sie reden vor sich dahin und erläutern ihr Wissen, und nach einer Weile kann man nicht länger zuhören. Sie klingen wie eine quakende Ente, und wenn die Leute sie kommen sehen, vermeiden sie sie. Intelligente Leute sind solche, die intellektuell wissen, aber die Begabung anpassen. Wenn ein intellektueller Mensch die Begabung für Geduld anpaßt, dann begreift er die Mission.

J   Joker. Sie wissen alles, aber sie wissen nichts. Sie können alles sein. Wie Wasser haben sie keine eigene Gestalt, sondern die Gestalt, von auch immer, umfängt sie. Sie werden dir sagen, daß sie Experten sind, aber sie werden zu nichts stehen. Joker spielen niemals die erste Rolle. Sie

trainers, and expert followers, but they will never be the star of the show of life. They are transitory because humor can not last. That is a law of humor. The same is true of joy; you feel it, you enjoy it, you taste it, and the next minute it is something else.

K   They are kind, they are one of a kind, and they kindle love in every heart.

L   Long talkers. They take 60 sentences to convey one little thought. You should run away when you see them coming.

M   There are two types in this category: they mean and they are mean. There is nothing in between. Whatever they communicate, they mean. Or whenever they talk, it burns you to death. They are very mean. There is no third category in this.

N   Neutral people. They are mostly juice people. This is how they talk: "This is fine. This can be fine too. I agree with you, you agree with me. We have agreed on it. it's done. But I can't participate." That will happen after two hours of talking and when everything is set and done. That's all they have, if's and but's.

O   They are the nucleus of our society; they organize everything. They are extremely successful, very joyous, very kind and highly penetrating.

P   If you do not look at their personality and give them a proper pedestal and proper prospective, they shall take one second to pee on you. The majority of them are in control of things. That is the planet Earth's tragedy. They are the source of all suffering and all wars.They are control oriented. They do anything and everything just to be in control. They can be psychotic, neurotic and obnoxious or sweet and pleasant lovers. There is no facet of life which they can not present under the motivation to control.

sind Experten als Trainer, und Experten als Gefolgsleute, aber sie werden niemals der Star der Show des Lebens sein. Sie sind vorübergehend, weil Humor nicht anhält. Das ist das Gesetz von Humor. Das gleiche gilt für die Freude. Du fühlst sie, du erfreust dich, du schmeckst es, und im nächsten Moment ist es etwas anders.

K   Sie sind freundlich, sie sind von einer Art, sie entzünden Liebe in jedem Herzen.

L   Lange Redner. Sie brauchen 60 Sätze, um einen kleinen Gedanken darzustellen. Du solltest wegrennen, wenn du sie kommen siehst.

M   Da gibt es zwei Typen in dieser Kategorie: Die Entschlossenen und die Gemeinen, da gibt es nichts dazwischen. Was immer sie vermitteln, sie sind entschlossen, oder die anderen, was immer sie sagen, es brennt dich zu Tode. Sie sind sehr gemein. Eine dritte Kategorie gibt es nicht.

N   Die neutralen Leute. Sie sind vorwiegend saftig. So sprechen sie: „Das ist schön. Das kann auch schön sein. Ich stimme Dir zu, Du stimmt mir zu. Wir sind übereingekommen. Es ist geschafft. Aber ich kann nicht teilnehmen." Das kann nach zwei Stunden des Gesprächs geschehen, selbst wenn alles abgestimmt und getan ist. Das ist alles was sie haben, Wenn's und Aber's.

O   Die sind der Kern unserer Gesellschaft. Sie organisieren alles. Sie sind extrem erfolgreich, sehr freudevoll, sehr freundlich und sehr durchdringend.

P   Wenn ihr auf ihre Persönlichkeit schaut, ihnen einen passenden Sockel und gute Aussichten verschafft, brauchen sie nur eine Sekunde um auf euch zu pinkeln. Die Mehrzahl von ihnen sind unter der Kontrolle von Dingen. Das ist die Tragödie des Planeten Erde. Sie sind kontrollorientiert und tun alles, nur um Kontrolle zu haben. Sie können psychotisch, neurotisch und abstoßend oder süße und gefährliche Liebhaber sein. Es gibt keine Facette des Lebens, die sie nicht unter der Motivation zu kontrollieren darstellen können.

Q It doesn't matter what you say to them, you will have a quick question. They question everything to death and they create duality everywhere. They are trouble shooters; their analytical faculty is invaluable in business. But in normal life, forget it.

R They are sneaks, they are snakes, they are reserved. You can't get a thing out of them. That's their faculty. They are very good for intelligence work. You shred them, you hang them, you butcher them, they won't say a thing. in normal life you will never know where they are at. Never ever depend on what they say. They are in their own world. Until you penetrate their reserve and find out what is their guiding line, you had better keep your distance.

S Sincere, serviceful, sanitary and sensible. They have a solution to everything. Tell them a thing, it is solved. Ask them a question, it is answered. Make a deal, it is forever. Great people. Nothing like them.

T Trampoline-people. These are the only people whose aura moves up and down. Normally the aura expands and contracts with the arcline, but theirs moves up and down. When they talk, you do not know where it is going. You can never figure it out no matter how intelligent and quick you are. Nothing penetrates them.

U U-people. They are double I's connected at the bottom. This "U" is a rapid cannon fire that never stops. The "U" becomes yo-yo and you run. Their projection is very powerful. They reach and penetrate any psyche to get their point across. They are wonderful public relations people. But living with them is like living on a grill. They will roast you to death.

V These are very rare people. They come, they see, they conquer, they experience victory. They know the devil, they know the divine and they go

Q Es spielt keine Rolle, was ihr ihnen sagt, ihr wollt schnell eine Frage hören. Sie hinterfragen alles bis zum Tode und sie erzeugen die Dualität überall. Sie sind Friedensstifter. Ihre analytische Begabung ist beim Geschäft unschätzbar, aber im normalen Leben, vergiß es.

R Sie sind Schnüffler, sie sind Schlangen, sie sind reserviert. Ihr könnt nichts aus ihnen herausbekommen. Das ist ihre Fähigkeit. Sie sind sehr gut für die Geheimdienstarbeit. Ihr zerreißt sie, ihr hängt sie, ihr schlachtet sie, aber sie werden nichts sagen. Im normalen Leben werdet ihr niemals wissen, woran sie sind. Niemals verlaßt euch auf das, was sie sagen. Sie sind in ihrer eigenen Welt. Bis ihr nicht ihre Reserve durchbrecht und herausfindet, was ihre Führungslinie ist, haltet ihr besser Abstand.

S Aufrichtig, dienstbar, ordentlich und empfindsam. Sie haben eine Lösung für alles. Erzählt ihnen das Problem, es ist gelöst. Stellt ihnen eine Frage, sie ist beantwortet. Schließt einen Handel, der gilt für immer. Großartige Leute. Nichts ist ihnen gleich.

T Die Trampolin-Leute. Das sind die einzigen Menschen, deren Aura sich auf- und niederbewegt. Normalerweise dehnt sich die Aura mit der Bogenlinie aus und zieht sich entsprechend zusammen, aber deren Aura bewegt sich auf und nieder. Wenn sie sprechen, wißt ihr nicht, wohin es geht. Ihr könnt es nicht herausfinden, egal wie intelligent und wie schnell ihr seid. Nichts durchdringt sie.

U U-Leute. Es sind Doppel-I's am Boden verbunden. Dieses „U" ist ein schnelles Kanonenfeuer, das niemals stoppt. Das „U" wird ein Jo-Jo und ihr rennt. Ihre Projektion ist sehr kraftvoll. Sie greifen aus und durchdringen jede Seele, um ihren Punkt herüberzubringen. Sie sind wunderbar für Öffentlichkeitsarbeit. Aber mit ihnen zu leben ist gleich auf einem Grill zu leben. Sie werden euch zu Tode rösten.

V Das sind sehr seltene Menschen. Sie kommen, sie sehen, sie erobern, sie erfahren den Sieg. Sie kennen den Teufel, sie kennen das Göttliche und

to victory. It is in their mind, in their soul and in their being.

W Working class. If you ever make a working personality a managing personality, you will lose it. Working people do not want responsibility. They are never administrators. They love to work, but after work they don't care if they are human or not. They think they are done. Their limit as a human is just work.

X They cut everything. They are living human negativity. You can never get from them one word of positivity.

Y Why-people are the source of every trouble. These are the people who are always asking why and because. Why and because; you can never get out of that.

Z Z-people are very rare. They have the zeal to inspire themselves and the zeal to inspire others. They are people of infinity. Z-people come once in a while like avtars, like guides, like messengers of God. There is no pain which can hurt them. There is no reality which can limit them. There are no circumstances which can deter them. There's nothing which can stop them. Z-people come with the Will of God, they live with the Will of God, they leave with the Will of God. They are like infinity people. Their zeal penetrates through. Even death can not stop them. Fear of death stops everybody. Fear of family. Fear of poverty. These fears are not imaginary. These fears stop us. These fears stop our intelligence, our creativity, our reality, our personality, our expansion. Fear exists to stop you. Fear is such an imaginary reality that it kills your reality. But in Z-people nothing can stop them.

sie gehen zum Sieg. Es ist in ihrem Verstand, in ihrer Seele, in ihrem Wesen.

W Arbeitsklasse. Wenn immer ihr einen Arbeitsmenschen zum Manager macht, werdet ihr ihn verlieren. Arbeitsmenschen wollen keine Verantwortung. Sie sind niemals Verwalter. Sie lieben es zu arbeiten, aber nach der Arbeit kümmern sie sich nicht darum, ob sie Menschen sind oder nicht. Sie denken es ist vorüber. Ihre Grenze als Mensch ist, einfach zu arbeiten.

X Sie schneiden alles. Sie sind lebende menschliche Negativität. Ihr werdet niemals ein positives Wort von ihnen hören.

Y Y-Menschen sind die Quelle von allem Ärger. Es sind die Menschen, die stets warum fragen und weil sagen. Warum und weil; da kommt ihr nie heraus.

Z Z-Menschen sind sehr selten. Sie haben die Begeisterungsfähigkeit, sich selbst und andere zu inspirieren. Es sind Menschen der Unendlichkeit. Z-Menschen kommen einmal wie Avatare, wie Führer, wie Boten von Gott. Es gibt keinen Schmerz, der sie verletzt. Es gibt keine Realität, die sie begrenzt. Es gibt keine Umstände, die sie erschrecken. Da ist nichts, das sie stoppen kann. Z-Menschen kommen mit dem Willen Gottes, sie leben mit dem Willen Gottes, sie gehen nach dem Willen Gottes. Sie sind wie Unendlichkeitsleute. Ihre Begeisterung durchdringt. Selbst der Tod kann sie nicht aufhalten. Die Furcht vor dem Tode stoppt jeden. Furcht um die Familie, Furcht vor Armut. Diese Ängste sind nicht eingebildet. Diese Ängste halten uns auf. Diese Ängste stoppen unsere Intelligenz, unsere Kreativität, unser Realitätsbewußtsein, unsere Persönlichkeit, unsere Ausdehnung. Furcht existiert um euch aufzuhalten. Furcht ist solch eine eingebildete Realität, daß es eure Realität tötet. Aber die Z-Leute kann nichts aufhalten.

D.
Die Kunst und Wissenschaft der Befreiung

Ein Vortrag von Yogi Bhajan 1969

Was ist ein befreites Wesen? Und welche Gründe gibt es, daß wir in den Händen der Zeit leiden? Jede Person hat zwei Seiten. Die eine ist sorgenfrei, die andere ist unbekümmert. Wenn jemand seine sorgenfreie Seite lebt, ist er von seiner göttlichen Begabung geführt. Wenn er seine unbekümmerte lebt, ist er von seinen tierischen Kräften geführt. Es ist nicht die Unachtsamkeit, ein Glas zu zerbrechen oder etwas, daß du behalten solltest, versehentlich wegzuwerfen. Materiell sind wir unachtsam, wenn wir unfähig sind, unseren materiellen Verantwortungen nachzukommen. Aber in Wirklichkeit, sind wir wahrhaftig unachtsam, wenn wir unsere göttliche Persönlichkeit verlieren – wenn das „Etwas", das sehr wertvoll ist, jenseits aller Werte, einfach für eine Leidenschaft verloren wird. Emotion und Leidenschaft sind die zwei Einkäufe unserer spirituellen Persönlichkeit. Wenn ihr diesen Gedanken analysiert, werdet ihr feststellen, daß solch ein Handel zu teuer ist. Wofür verkaufen wir unser spirituelles Selbst? Diese, unsere Welt, ist eine Übergangsphase des Lebens. Sie ist nicht andauernd, aber wir assoziieren uns ständig mit ihr, als wenn wir dazugehörten und als wenn sie zu uns gehörte.

Unterbewußt steht hinter jeder Handlung das Verlangen, erkannt zu werden. Aber wenn ihr euer Verlangen, erkannt zu werden und die Art und Weise wie ihr versucht, erkannt zu werden einschätzt, werdet ihr finden, daß ihr Anerkennung wollt ohne Reife. Ihr wollt als ein reifes Wesen anerkannt werden, aber ihr habt die Reifeeinstellung eines sorgenfreien Wesens noch nicht entwickelt.

Das einzige sorgenfreie Wesen ist die Person, die frei ist von Negativität. Sie ist befreit. Es ist ein kosmisches Gesetz, daß solch eine Person niemals unter irgendeinem Mangel leidet. Ein sorgenfreier Mensch kennt keinen Jammer. Er mag demütig sein, aber das bedeutet nicht, daß er erbärmlich ist. Stets weise, segelt er ungestört durch die Zeit. Er bedarf keiner Korrektur durch die Hände der Zeit. Sein geschmeidiges Benehmen und die Ruhe seiner Persönlichkeit sind die Zeichen, daß er ein befreites Wesen ist. In einer Nußschale ist er die glücklichste Person, die es je auf Erden gab.

Das bedeutet nicht, daß euch weltliche Güter versperrt bleiben sollen. Materie ist Medium. Sie kann nicht geschaffen und sie kann nicht zerstört werden. Genauso sind Emotion und Verwicklung in Verlangen Medien, aber ihre Befriedigung ist zeitlich nicht andauernd. Wenn ihr versteht, wie die Abhängigkeit zu Alkohol beginnt, werdet ihr diese Theorie der Einbeziehung verstehen. So funktioniert das: Ein Mann, der nicht trinkt, kommt unter Druck und weiß nicht, was er tun soll. Er geht in das Haus eines Freundes, um einen Rat einzuholen, weil dieser Mann ein soziales Tier ist und weil er sich entlastet fühlt, wenn jemand an seinem Gram teilhat. Dieser Freund bietet ihm wegen des beruhigenden Effektes einen Whiskey an und der Mann ist überzeugt, einen Drink zu nehmen. Der Alkohol geht in den Körper und verrichtet seine chemisch Wirkung. Besänftigt die Nerven und energetisiert die Energiezentren, so daß sich die Einstellung des Mannes entspannt und er flexibel wird. Das ist nur eine vorübergehende Entlastung, aber die Erinnerung an den ersten Geschmack bleibt in seinem Sinn. Er wird nie wieder die Beruhigung dieses ersten Schluckes Alkohol erlangen, aber für das Verlangen und den Geschmack und mit dem Ziel, diese Erfahrung zu wiederholen, werden die Menschen Gewohnheitstrinker – Alkoholiker. Sie glauben, daß es der beste Weg sei, dem Druck des Lebens zu entkommen und fahren fort zu trinken und so wird Trinken eine Notwendigkeit des Körpers.

Genauso ist es, wenn ihr euch selbst in irgendeine Mode des Lebens einwickelt. So geht ihr in einen Kanal, in dem ihr weiter und weiter geht und doch niemals zurückkommen könnt an den Punkt, von dem ihr ausgegangen seid. Wenn wir die ursprüngliche Basis unseres Handelns vergessen haben und eingewickelt sind, werden wir zum Sklaven.

In unserem ganzen Lebenskonzept können wir sehen, daß wir zu 15 % Sklaven der Routine, der Gewohnheit sind.Der Mensch muß gewisse Gewohnheiten haben, ohne die das Leben nicht weiter gehen kann. Aber er kann seine Befreiung darin erreichen, daß er den Charakter dieser Minimalanforderungen wandelt. Da gibt es zwei Arten von Gewohnheiten: Gewohnheiten, die voranbringen und Gewohnheiten, die hemmen. Hemmende Gewohnheiten machen euch körperlich, geistig und seelisch unglücklich. Gewohnheiten, die voranbringen, machen euch körperlich, seelisch und spirituell glücklich. Wenn ihr in eurem Leben all diese Gewohnheiten habt, die euch voranbringen, werdet ihr schließlich zu einer befreiten göttlichen

Person. Wenn ihr hemmende Gewohnheiten habt, werdet ihr stets zu einem körperlichen Wrack, im Geiste wahnsinnig und/oder spirituell erloschen.

Gewohnheit ist ein Muß für euere Persönlichkeit und euren Verstand. In der Periode, wenn ihr unter einer hemmenden Gewohnheit handelt, seid ihr total auf der negativen Seite eurer Persönlichkeit. Genauso ist es eine Tatsache, daß wenn ihr in irgendeine negative Gewohnheit fallt, ihr automatisch ihre vier geschwisterlichen Gewohnheiten heranzieht, weil sie es lieben, zusammen zu sein. Diese fünf hemmenden Gewohnheiten des Benehmens und der Einstellung sind: greed, anger, lust, attachment and negative ego – Gier, Wut, Verlangen, Verhaftung und das negative Ego. Wenn eine der Schwestern das Haus betritt, ruft sie die anderen dazu. Jede Gewohnheit wird von zwei Dreibeinern unterstützt – 1. körperlich, geistig, spirituell; und 2. Vergangenheit, Gegenwart und Zukunft. Da gibt es zwei führende Instinkte beim Menschen. Entweder ist er dabei, seine Zukunft zu verbessern, oder er ist dabei, seine Zukunft zu blockieren. Wenn ihr euch dessen bewußt seid, habt ihr ein ehrliches und aufrechtes Verlangen, eure Zukunft zu verbessern, dann werdet ihr stets fördernde Gewohnheiten haben. Oh Mann, wenn ihr euch nicht einmal um Gott kümmert, kümmert ihr euch zuletzt um eure Zukunft. Wenn ihr euch so um eure Zukunft kümmert, daß ihr fördernde Gewohnheiten habt, werdet ihr eine befreite Person werden. Eine befreite Person ist stets eine glückliche Person. Sie leidet nicht Mangel an irgendeinem materiellen Komfort. Sie kennt keine Kraft der Erde, die sie beleidigen kann. Sie lebt in Würde auf dieser Welt und wenn sie den Körper verläßt, ist sie auch bei den Generationen, die folgen, respektiert. Jeder kann so sein. Der größte Sünder von gestern kann der Heilige dieser Minute sein. Die einzige Sache, die dabei verlangt wird, ist eine Entscheidung. „Bin ich bereit, meine Zukunft zu achten und zu entscheiden, eine befreite Person zu sein, oder bin ich im Begriff, meine Zukunft zu blockieren und den materiellen, physikalischen Aspekten der Welt nachzugehen?" Für jede Person, die ihre Zukunft blockiert, ist es eine garantierte Tatsache, daß sie in Zukunft leidet. Jede Person, die die Chance des „Jetzt" nutzt, um eines anderen Verlust zu verursachen, blockiert ihre Zukunft. Jeder, der die Überlegenheit des „Jetzt" wahrnimmt, lädt den Ärger vom Herrn Zukunft ein.

Behaltet die positive Einstellung mit fördernden Gewohnheiten 40 Tage bei und ihr könnt euer Schicksal ändern. Dieses psychologische Konzept des menschlichen Benehmens ist ein Muster, das euch zum Ziel, das in unseren Schriften als Paradies beschrieben ist, führen kann.

Das Selbst hat den Samen der göttlichen Schwingungen zu säen und mit der Kraft dieser Schwingungen haben wir im Unendlichen, welches die Wahrheit, die Realität und die immer lebendige erste Kraft ist, zu verweilen. Diese erste Kraft wurde von den Christen Gott genannt; *Paramatman* von den Hindus; und *Allah* von den Moslems. Irgendein Name wurde ihr von allen gegeben, aber das universelle Bewußtsein dieses universellen Geistes hat einen Namen, der ist Wahrheit. Also nennen wir sie „*Sat*" und wir erinnern uns daran als „*Sat Nam*". „*Sat,*" bedeutet in der Sprache der Götter, Sanskrit, „Wahrheit." „*Nam*" bedeutet „Name." Also ohne irgendeinen Streit zu verursachen, können wir sagen, daß das universale Bewußtsein, der universale Geist, die kreative Kraft in uns, einen universalen Namen hat und der ist „*Sat Nam*."

Alle die, die sich selbst befreien wollen und sich bemühen, im Äußersten zu verweilen, müssen ihr physisches Selbst reinigen und ihren Geist zum *Sat Nam*, dem Sein des Seins, lenken. Einer, der in den Schwingungen dieses heiligen Nam - *Sat Nam* – in den ersten Stunden des Tages, vor Sonnenaufgang, wenn die Kanäle für Schwingungen sehr rein und klar sind, verweilt, wird das Konzept eines befreiten Wesens durch die Gnade dieses Beej-Mantras, das die Gottheit des Bewußtseins in allen Wesen erweckt, erfahren. Dann lebt er als ein befreiter Mensch auf dem Planten Erde.

E.
Die 10 Gebote und die 10 Versprechen

Aus einer Vorlesung von Yogi Bhajan vom 6. August 1991

Jedes der Gebote in der Bibel ist unvollständig. Die 10 Gebote wurden überliefert, aber nicht die 10 Versprechen von Gott. Jedes Gebot muß Frucht tragen. Das ist es, warum die Gebote unvollständig sind. Man hat euch gesagt, was ihr tun müßt, aber man hat euch nicht gesagt, was ihr damit für euch erreicht.

Erstes Gebot

Du sollst keine anderen Götter haben neben mir.

Versprechen

Du sollst von der Erde Besitz ergreifen. Wenn du Gott dem Herrn und Schöpfer gefällst, wird alle Schöpfung dir dienen.

Zweites Gebot

Du sollt den Namen Gottes nicht mißbrauchen.

Versprechen

Du sollst niemals beschmutzt werden.

Drittes Gebot

Gedenke des Sabbat und halte ihn heilig.

Versprechen

Du sollst in Frieden und Ruhe leben.

Viertes Gebot

Ehre deinen Vater und deine Mutter.

Versprechen

Deine Identität soll vollkommen sein. Der Himmlische Vater und Mutter Erde – die gesamte Anschauung ist dasselbe.

Fünftes Gebot

Du sollst nicht töten.

Versprechen

Du sollst dich selbst nicht töten lassen. Wenn du in dir selbst, spirituell, Instinkte entwickelst, nicht zu töten, dann soll Mutter Natur dich schützen und für dich sorgen.

Sechstes Gebot

Du sollst nicht Ehebrechen.

Versprechen

Dir soll Reinheit vergönnt sein.

Siebtes Gebot

Liebe deinen Nächsten.

Versprechen

Und alle Nachbarschaft soll dich lieben.

Achtes Gebot

Du sollst nicht stehlen.

Versprechen

Alles soll dir gehören.

Neuntes Gebot

Du sollst nicht falsches Zeugnis reden.

Versprechen

Die Kraft, von meiner Schöpfung zu zeugen, soll dein sein.

Zehntes Gebot

Du sollst nicht begehren deines Nachbarn Weib, noch alles was sein ist.

Versprechen

Das Universum wird niemals deinen Willen infrage stellen und alles Gute wird zu dir kommen. Die wirkliche Gemahlin Gottes ist die Schöpfung; die Schöpfung wird niemals deinen Willen infrage stellen.

F.
Die Mondzyklen und wie sie euch beeinflussen

Aus einer Vorlesung von Yogi Bhajan vom 6. August 1991

Euer Biofeedback bewegt sich von Neumond zu Vollmond und von Vollmond zu Neumond. Da sind 3 Tage im Mondzyklus, an denen er, wenn ihr euch um euren Verstand und eure Gesundheit bemühen wollt, fasten könnt. Im Ayurveda wird das als die meisterlichste aller Behandlungen angesehen. Versucht an diesen 3 Tagen des Monats mit Zitrone und Wasser zu fasten; von Sonnenaufgang bis zum nächsten Morgen beim Breakfast – Frühstück, when you can break the fast – wenn ihr das Fasten brechen könnt.

Vollmond – Natürlicherweise seid ihr zur Vollmondzeit beschleunigt. Ihr seid auf eurem Höhepunkt. Die Drüsenleistungen in eurem Körper werden auf ihrem Höhepunkt sein, so daß ihr nicht wollt, daß eure Energie zur Verdauung der Nahrung verbraucht wird. Nutzt eure Energie, euch selbst wieder herzustellen. Bemüht euch an diesem Tag nur Flüssigkeit zu euch zu nehmen. Wenn ihr glaubt, ihr müßt etwas essen, trinkt nur Milch.

Neumond – Das ist Phase eures Tiefs. Es ist ein guter Tag, mit Zitrone und Wasser zu fasten.

Der elfte Tag des Mondzyklus (11 Tage nach Neumond) – Ihr seid im Gleichgewicht, im Zwielicht. Das Drüsensystem stellt sich selbst an diesem Tag neu ein. Euer Stoffwechsel verändert sich, so daß, wenn ihr sehr leichte und *sattvische Kost* an diesem Tag zu euch nehmt, wenn ihr also leichte und grüne Nahrung zu euch nehmt, oder wenn ihr einfach von Wasser und Melone euch ernährt, wird eure Gesundheit perfekt sein. Eßt sehr leicht sehr *sattvisch* an diesem Tag. Eßt nur eine Mahlzeit, und trinkt Zitrone und Wasser am Rest des Tages.

Zitronenwasser
Für die Herstellung von Zitronenwasser wird folgende Proportion empfohlen:

Nimm 2 Tassen von Zitronensaft und etwa 20 Tassen Wasser und ein bißchen Süße. Das wird 3 Flaschen füllen, die für den ganzen Tag ausreichen. Wenn ihr euch sehr kalt zu fühlen beginnt, dann versucht Ingwer hinzuzufügen. Ihr könnt das mit ein wenig Ahornsirup süßen, mit schwarzen Zuckersirup oder mit *ghur* (Rohzucker), aber verwendet nicht zuviel davon. Denkt daran, daß ihr etwas Zitronenwasser durch einen Strohhalm trinkt, um den Schmelz eurer Zähne zu schonen.

Notiz: Bevor ihr mit irgendeiner Form des Fastens beginnt, konsultiert euren Arzt.

G.
Yogische Rezepte

Yogi Tee

Bereitet mindestens 4 Tassen Yogi Tee zur selben Zeit. Es ist eine gute Idee, jeweils große Mengen zur gleichen Zeit herzustellen und sie im Kühlschrank ohne Milch aufzubewahren; dann könnt ihr die Milch hinzugeben, wenn ihr ihn trinken wollt. Im Kühlschrank hält er sich für etwa eine Woche frisch.

Die Maße für 1 Tasse sind:
>   300 ml Wasser
>   3 ganze Gewürznelken
>   4 ganze grüne Kardamom-Schoten, am besten aufgebrochen
>   4 schwarze Pfefferkörner
>   1/2 Stange Zimt
>   1 Stück Ingwerwurzel
>   1/4 Teelöffel schwarzer Tee (nicht notwendigerweise)
>   1/4 Tasse Milch

Koche die Gewürze für 10 bis 15 Minuten mit einem Deckel (laßt nur einen Spalt offen, damit der Dampf ausströmen kann). Füge den schwarzen Tee hinzu und laßt ihn 2 Minuten ziehen. Gib die Milch hinein und laß noch einmal aufkochen. Nimm jetzt den Tee vom Herd und gieß ihn ab. Nach Geschmack füge Honig hinzu.

Für etwa 2 1/4 Liter benutze:
>   10 Kardamom-Schoten
>   20 Pfefferkörner
>   15 Gewürznelken
>   5 oder mehr Stücke von einer Ingwerwurzel
>   3 Zimtstangen
>   1 Eßlöffel schwarzen Tee

Koche wenigstens 30 Minuten und füge dann etwa 1 Liter Milch hinzu.

Yogi Tee gibt es auch als Teemischung und als Teebeutel. (Bezugsadressen weiter hinten.)

Yogi Bhajan sagt über den Yogi Tee: „Wenn ihr tatsächlich eine vernünftige Menge Yogi Tee zu euch nehmt, wird er eure Leber in gutem Zustand erhalten. Man sagt er hilft der Leber. Und als wir in den 60er Jahren begonnen haben, mit Drogenabhängigen, die sich nicht einmal bewegen konnten, zu arbeiten, haben wir sie auf Yogi Tee gesetzt."

Yogi Tee ist tatsächlich eine Kombination von Nahrungsmitteln. Es ist ein Tonikum für das Nervensystem. Es kann dabei helfen, das System wieder in die Balance zu bringen, wenn ihr aus dem Gleichgewicht seid. Oft wurde er als Präventivmedizin bei Erkältungen, Grippe und Erkrankungen der Schleimhäute verwendet.

Schwarzer Pfeffer ist zur Blutreinigung. Kardamom stärkt den Dickdarm. Gemeinsam stärken sie das Gehirn. Gewürznelken helfen, das Nervensystem zu unterstützen. Zimt ist gut für die Knochen. Ingwer hilft, das Nervensystem zu stärken und ist sehr gut, wenn ihr eine Erkältung habt, eine Grippe oder körperliche Schwäche. Yogi Tee kann Frauen helfen, wenn sie Menstruationsbeschwerden haben, z.B. Krämpfe oder prämenstruelle Symptome. Wenn ihr euch kalt fühlt oder eine Grippe im Anmarsch ist, könnt ihr den Yogi Tee mit mehr Ingwer bereiten. Wenn ein Mann nach dem Verkehr eine Tasse Yogi Tee trinkt, kann es helfen, seinen Körper wieder aufzufüllen. Darüber hinaus kann Yogi Tee, verdünnt mit Milch, bei den Zahnungsbeschwerden der Kinder sehr hilfreich sein.

Ein Morgengetränk für optimale Gesundheit

60 Gramm Ingwersaft
60 Gramm Zitronensaft
1 Teelöffel Flachssamenöl

(Notiz: Ihr könnt das Flachssamenöl auch durch Oliven- oder Sesamöl ersetzen.)

Mischt das zusammen und trinkt das als erstes jeden Morgen nach dem Zähneputzen. Bevor ihr irgendetwas anderes zu euch nehmt, eßt oder trinkt, wartet wenigstens 15 Minuten.

Bananenrezept

Insbesondere gut für Frauen

1 Banane

Mangopuder

1 Teelöffel Zitronen- oder Limonensaft

Schäle die Banane, schneide sie der Länge nach und lege sie auf eine Platte. Sprenkle den Zitronensaft darüber und gibt das Mangopuder darauf.

Bananen enthalten Kalium, das für Frauen wichtig ist, ihre Jugend zu erhalten. Es kann helfen, Energie zu schaffen. Der Zitronensaft bringt Vitamin C in den Körper und das Mangopuder ist sehr gut, um Extraenergie bereitzustellen. Diese Nahrung ist besonders hilfreich, wenn eine Frau unter besonderem Streß steht.

Schwarze Garbanzos

Hier im Westen sind vorwiegend die weißen Garbanzos gebräuchlich. Aber für die Nervenenergie ist nichts so gut wie die kleinen schwarzen Garbanzos. Die schwarzen Garbanzos wachsen auf den Feldern in Indien. Während der Regenzeit gibt es so viele Blitze über den Feldern, daß es aussieht wie der 4. Juli – die Elektrizität geht von den Wolken auf den Boden und vom Boden hinauf in die Wolken! Das zu sehen ist ein sehr lustiges Naturphänomen. Normalerweise meiden die Menschen die Felder zu dieser Zeit, weil sie nicht vom Blitz erschlagen werden wollen. Diese schwarzen Garbanzos sind eine sehr gute Speise für das Nervensystem und helfen, das elektromagnetische Feld des Körpers zu kontrollieren. Sie sind die kraftvollste, energetisierende Speise auf der Welt. Sie sind sehr gut für die Gesundheit.

Wasche die Bohnen und weiche sie über Nacht ein. Am Morgen trockne sie und gebe sie in einen Dampfkochtopf. Darin koche sie bis sie weich sind. Dann bereite daraus eine Suppe.

Oder du kannst das folgende Rezept verwenden:

Wasche, säubere und weiche 3 Tassen schwarze Garbanzo-Bohnen über Nacht ein. Dann koche sie auf kleiner Flamme in frischem Wasser für etwa 3 Stunden. Sobald sie weich sind, gieße das meiste der Flüssigkeit ab und gib nochmals 1 Tasse des Kochwassers dazu.

In einer großen, schweren Bratpfanne, mit dicken Boden brate bei mittlerer Hitze:

1/2 Tasse Senföl
1/2 Tasse aufgeschnittenen Ingwer
2 zerschnittene Zwiebeln
5-8 Zehen kleingeschnittenen Knoblauch
3 kleingeschnittene Jalapenos (oder Chilis) (bei Bedarf)

Koche das bis es weich ist und dann füge folgendes hinzu:
2 vorgekochte und in Scheiben geschnittene Kartoffeln
1 Teelöffel schwarzen Pfeffer
1-2 Teelöffel schwarzes Salz

Nochmals für einige Minuten kochen. Dann gib die Zwiebel, Ingwer, Knoblauchmixtur zu den Bohnen im Originalkochtopf. Unter Rühren nochmals auf leichter Flamme für 10 Minuten aufkochen. Garniere das ganze mit geschnittenen, frischen Korianderblättern. (Je nach Geschmack kann noch etwas schwarzes Salz hinzugegeben werden.)

Eisbecher mit Kirschen

Nimm einige Kirschen, entkerne sie und mixe sie im Mixer. Dann schneide eine Birne und einen Apfel auf und gib sie ebenfalls in den Mixer. Mische das ganze nochmals. Gib diese Mischung auf Vanilleeiscreme und iß das.

„Sprecht ihr von Energie? Ihr müßt ein Gewicht auf eure Beine legen, um euch am Boden zu halten."

Ghee (gereinigte Butter)

Siede ungesalzene Butter für 10 bis 15 Minuten auf niederer Hitze. Normale gesalzene Butter kann ebenfalls gebraucht werden, wenn die ungesalzene nicht erhältlich ist. Nach dem Erhitzen erlaube ihr, sich für einige Minuten zu setzen und dann schöpfe den gesamten weißen Schaum mit einem Löffel von der Oberfläche. Du wirst den klaren, gelben Ghee am Boden finden. Gieße den in ein Behältnis, wobei du ein Sieb benutzt, daß nichts des weißen Sedimentes vom Boden des Topfes dorthinein gelangt. Benutze Ghee als wolltest du Butter oder Kochöl verwenden.

Yogi Bhajan sagt über *ghee*: „Ghee ist nicht ein Öl, es ist reines Protein. Es soll das Fett in eurem Körper schmelzen. Wenn ihr es mit eurem Essen zu euch nehmt, werdet ihr drei Dinge finden:

1. An dem Tag werdet ihr mehr als gewöhnlich Wasser lassen (es hilft das Zuviel an Flüssigkeit aus dem Körper auszuscheiden).
2. Der Körper wird wärmer sein als normal.
3. Ihr seht die Dinge klarer, als ihr es gewöhnlich tut. Ihr werdet klarer denken. Wenn in Indien jemand dick wird, beginnen sie von ghee zu leben. Und in Tibet und all diesen Gebieten geben sie ghee in ihren Tee, und trinken ihn – sie leben davon. Das ist ihr Protein.

Jalapeno Milchshake

Nimm 3-5 rohe Jalapenos
etwa 1/4 Milch
etwas Honig (die nimmt ein wenig der Hitze der Jalapenos).

Stecke die Zutaten in einen Mixer und mixe das für 20 bis 30 Minuten. Gieße es in ein Glas und schlürfe das. Trinke es nicht einfach aus. „Der Geist wird dich durchdringen."

Yogi Bhajans Geschichte über diesen Jalapeno-Milchshake:

Einst mußte ich nach Mexiko gehen und fand, daß eine Schülerin von mir im Krankenhaus gewesen war. Also ging ich geradewegs in die Küche, nahm die Jalapenos und die Milch, mixte das und gab Tonnen von Honig dazu, weil ich wußte, sie würde reagieren. Dann begann ich es ihr mit einem Löffel zu geben – es geht sehr schlecht herunter. Aber ich denke, nach dem fünften oder sechsten Löffel öffnete sie ihre Augen. Und schließlich, als das Glas leer war, stand sie auf und sagte, „Was war das?"

Ich sagte, „Nichts, nichts, nichts. Ich bin den ganzen Weg hierher gekommen und du warst nicht bereit, mir zu dienen. Ich hasse das. Also solltest du auf sein."

Am nächsten Tag machten wir heimlich das gleiche und sagten ihr, „Hintern hoch, schlürfe das, aber langsam, Löffel für Löffel."

Sie sagte, „Das war süß und bitter." Sie nimmt es immer noch jeden Tag.

Wenn ihr einmal wirklich ein sorgenfreies Leben haben wollt, sind Halleluja und Jalapenos dasselbe. Ihr braucht diesen Drink."

Salat

Salat enthält 0,1 Prozent Opium. Da gibt es so viele Wege Salat zuzubereiten, daß wir es nie gedacht haben würden!

Wenn ihr ein Problem habt mit dem Schlafen, bereitet Salatsuppe mit Milch und nehmt es mit zwei Tabletten von 7-R. Es ist so entspannend und ihr werdet tief schlafen. Wenn ihr keine Milch dabei verwendet, werdet ihr weg sein, bevor ihr noch das Kopfkissen berührt.

Salat mit schwarzem Pfeffer zu rösten, bringt seinen Geschmack zum Leben und der Magen begrüßt es. Nimm den Salat und schneide ihn auf. Heize den Grill oder nimm eine schwarze Bratpfanne und röste den Salat einfach, als würdest du irgendein anderes Gemüse rösten. Du kannst schwarzen Pfeffer und Jalapenos je nach Geschmack hinzufügen und auch etwas ghee. Das hilft, den Geschmack noch besser zu entwickeln und ist sehr gut für die Gesundheit.

Andererseits kannst du den Salat nehmen und eine *masala* daraus bereiten. Das Rezept findest du unten. Dazu nimm einen ganzen Salatkopf und schneide ihn in vier Teile. Gebe diese in einen Dampfkochtopf und koche sie gut. Wenn das getan ist, lege sie auf eine Platte. Dann nimmt die wunderbare masala, in der alles drinnen ist und fülle sie in die Blätter und überall darumherum. Dann iß es. Du wirst für den ganzen Tag Energie haben, aber dabei entspannt sein. Wenn du aus dem Salat einen Saft machen kannst und ihn zur Nacht trinkst, wird dich das gleich in den Schlaf bringen. Es ist ein sehr kraftvolles und sehr entspannendes Getränk.

Masala-Grundrezept

    1/3 Tasse Öl (Sesam- oder Olivenöl sind gut)

    1 Teelöffel *garam masala*-Mischung

    2 Zwiebeln, gehackt oder geschnitten

    3 Klauen Knoblauch, feingehackt

    2 gepellte und kleingeschnittene Ingwerwurzeln

    2 mittelgroße Tomaten, gepellt und kleingeschnitten

Mische folgende Gewürze gut:

    9 Gramm schwarzer Kardamom

    180 Gramm Koriandersamen

    1 Teelöffel Turmeric

    60 Gramm Kreuzkümmelsamen (Jeera)

    1/4 Teelöffel Cayenne-Pfeffer (etwas mehr oder weniger)

    30 Gramm Zimtstangen

    30 Gramm ganze Gewürznelken

    je nach Geschmack Salz

    30 Gramm Kardamom-Samen

    30 Gramm ganze schwarze Pfefferkörner

Erhitze das Öl in einer Bratpfanne und füge Zwiebeln, Ingwerwurzeln und Knoblauch hinzu und erhitze das solange bis die Zwiebeln beginnen braun zu werden. Dann füge die Gewürze und das Salz hinein. Brate es nochmals für weitere 3 Minuten unter Rühren, leicht. Füge dann die Tomate dazu und koche das ganze solange bis die Tomaten sich in Soße auflösen. Gib 1/2 Tasse Wasser dazu, wenn nötig. Diese Masala-Mischung kann als Grundlage für viele Gemüsegerichte verwendet werden.

Zwiebeln, Ingwer und Knoblauch

Zwiebeln, Ingwer und Knoblauch sind als die Trinity Roots, Dreieinigkeitswurzeln bekannt und sind wesentlich um ein gesundes und energetisches System zu erhalten. Ingwer ist für das Nervensystem und hilft, wenn du eine Grippe oder eine Erkältung kommen spürst. Ingwer ist sehr energetisierend. Knoblauch verstärkt die Samenproduktion und erhält die Potenz. Zwiebeln reinigen das Blut.

Parantha (gestopfte Chapati)

Bereite aus den folgenden gut gemischten Mehlen einen Teig:

3/4 Tasse Garbanzomehl
1/4 Tasse Vollkornweizenmehl
1/2 Teelöffel Salz (bei Bedarf)
1/2 Tasse Saft aus Zwiebeln, Knoblauch und Ingwer, der mit einem Entsafter zubereitet wurde.

Bereite eine Füllung aus dem Fleisch der entsafteten Gemüse, Zwiebeln, Ingwer und Galic. Die anderen Gewürze, wie z.B. schwarzen Pfeffer, rote Chili, Oreganossamen, Salz und Selleriesamen können dieser breiigen Mischung hinzugegeben werden.

Anweisungen, die Parantha herzustellen:

Knete den Teig etwa 5 Minuten bis er weich und geschmeidig ist. Dann gib ihn in eine Schüssel und bedecke ihn für etwa 15 Minuten leicht mit einem feuchten Tuch. Wenn er sich gesetzt hat, knete ihn noch einige Male, dann brich ein Stück ab und forme daraus eine Kugel von der Größe eines Golfballs. Lege die auf eine leicht bemehlte Arbeitsplatte und rolle sie zu einem 10 cm großen Fladen, der etwa 1/2 cm dick sein wird.

Gib etwa 1 Teelöffel der Füllung in die Mitte des Teiges. Falte die Seiten darüber und bedecke die Füllung, indem du einen kleinen Sack formst. Nimm diese Teigtasche und leg sie auf eine leicht bemehlte Oberfläche. Dort rolle sie vorsichtig mit einem Nudelholz wieder zur ursprünglichen Größe aus.

Zum Kochen:
Erhitze eine eiserne Bratpfanne bis sie wirklich heiß ist. Dann plaziere die gestopfte Parantha vorsichtig in der Mitte und brate jede Seite für etwa 45 Sekunden bis 1 Minute. Danach gib ein bißchen ghee auf jede Seite der Parantha und erhitze sie solange bis sie knusprig und goldbraun ist.

Serviervorschlag:
Yogi Bhajan empfiehlt das Öl von schwarzem Pfeffer oder schwarzen Pfeffer, das Öl von roten Chilis oder einige Späne von roten Chilis oder Cayenne-Pfeffer, Ajwan-Samen (Oregano) und Turmeric mit etwas ghee zu mischen und das auf die gebackene Parantha zu geben. Traditionell werden die Paranthas heiß serviert und mit reinem Joghurt zum Frühstück gegessen.

Trinity Root-Heiltrank

1 mittlere Zwiebel
2-6 cm Ingwerwurzel, gepellt und kleingeschnitten
1/2 Knoblauchknolle, gepellt
gut 1 Liter Milch, am besten Ziegenmilch
1 Teelöffel Turmeric

Schneide die Zwiebel klein, pelle und schneide den Ingwer und pelle den Knoblauch. Gib diese drei zusammen mit der Milch in einen Dampfkoch. Erhitze den zu vollem Druck und laß das ganze 5 Minuten kochen. Nach dem Abkühlen seihe die Milch in eine eiserne Bratpfanne und laß sie dort weitere 15 Minuten sieden. Gieße sie ab und servier das.

Wenn ein Dampfkochtopf nicht zur Verfügung steht, kann die gleiche Mischung auch in einem normalen Topf zubereitet werden, muß dann aber über Nacht kochen. Gib etwas extra Wasser dazu und koche auf kleiner Flamme. Am Morgen gieße das ganze ab und serviere es.

Yogi Bhajan kommentiert zu diesem Getränk: „Ich trinke es jeden Morgen. In der Ziegenmilch kochen wir Zwiebeln, Knoblauch, Ingwer und Turmeric über Nacht auf kleinem Feuer. Am nächsten Morgen trinke ich ein Glas davon. Innerhalb von Minuten werdet ihr eine Wandlung spüren. Wißt ihr wie ihr euch fühlen werdet? Als ob Flügel aus euren Achseln entsprungen wären. So fühlt ihr euch. Die Zeit ist gekommen, wo ihr etwas für euch tun müßt. Die Kosten für Medizin sind so hoch geworden, daß ihr nicht krank sein wollt. Das sind präventive Dinge. Es sind sehr gute Dinge."

H.
Bemerkungen zu Kräutern

Die folgenden Heilkräuterrezepte wurden von Yogi Bhajan entwickelt und sind auf Rezepten der ayurvedischen Medizin aufgebaut. Ayurveda ist eine weiterentwickelte Wissenschaft der Kräuterheilkunde, die in Indien für 5000 Jahre mit dem Ziel, den Körper zu stärken und zu balancieren, betrieben wurde. Die folgenden Rezepte wurden in diesem Buch erwähnt. Eine vollständige Aufzählung aller Rezepte kann beim Versand Ancient Healing Ways angefordert werden (Adresse siehe hinten).

Kräuterrezepte

1-R. Man nennt es triphala in der ayurvedischen Medizin. Es ist ein generelles Tonikum und ein Darmreiniger. Am besten wird es zur Nacht genommen mit warmer Milch. Es hilft zur Entleerung.

2-R. Es wird aus Turmeric und Petersilie gemacht, reinigt das Blut und hält den Magen ruhig. Es kann dabei helfen, Verdauungsbeschwerden zu neutralisieren, Gas auszutreiben und bei Ulcus-Beschwerden. In der Schwangerschaft nicht benutzen.

3-R. Enthält die Dreifaltigkeitswurzeln (Ingwer, Zwiebeln und Knoblauch) und ist für eure strukturelle Balance, z.B. für das Knochenmark. Es ist sowohl reinigend als auch energetisierend, ein generelles Tonikum für den Körper. Es ist gut für das Verdauungssystem, ein Blutreiniger und ein sexuelles Tonikum. Es hat auch bei Rückenbeschwerden geholfen.

7-R. Der Hauptbestandteil ist Weidenrinde, die dabei behilflich ist, entzündlich bedingte Beschwerden zu lindern. Durch seine entspannenden Eigenschaften ist es sehr gut, Müdigkeit hinwegzunehmen. Es kann Fieber senken und ist bei Muskelspasmen benutzt worden. Notiz: In der Schwangerschaft nicht zu benutzen. Am wirksamsten, wenn mit Milch genommen.

108-R. Es wird manchmal als das „gesunde Herz" bezeichnet und ist benutzt worden, um Blutdruck zu senken, die Arterien des Herzens zu reinigen und eure Energie zu stabilisieren. Für Körper und Geist ist es generell revitalisierend. Es hat beruhigende und erhebende Wirkungen auf den Verstand. Es soll nicht auf den leeren Magen genommen werden. Nicht empfohlen ist es für Menschen mit niedrigem Blutdruck.

Jung-Blut-Pulver: Es wird auch die „königliche Jung-Blut-Diät" genannt. Dieses Rezept enthält eine Reihe von Kräutern und Nahrungsmitteln, die alle gemeinsam dabei behilflich sind, Gewicht zu reduzieren, den Stoffwechsel anzuregen und das Verdauungssystem zu reinigen. Nimm jeden Morgen 2 Eßlöffel mit Saft oder Wasser, um alle 5 Elemente des Körpers, Erde, Wasser, Feuer, Luft und Äther auszugleichen und zu stärken und alle Chakras des Körpers zu energetisieren.

GRD-Öl: Dies ist eine speziell zusammengestellte Kombination reiner natürlicher Öle mit dem Ziel, ein gesundes und ausgeglichenes Leben zu fördern. Das Rezept ist über 5000 Jahre alt und von den Ägyptern zusammengestellt. Die haben das Öl in die Speisen ihrer Sklaven gegeben, auf daß diese, ohne krank zu werden, weiterhin die Stärke haben würden, hart arbeiten zu können. Man sagt, daß es sehr hilfreich für das Immunsystem sei. Es dürfen nicht mehr als 3 Tropfen jeden Morgen auf Orangensaft eingenommen werden. Diese sollen jeden Tag eingenommen werden. (Mit der Zeit kann man die Menge vorsichtig auf 5 Tropfen Maximum – nicht mehr – steigern.)

1.
Bücher

Die folgende Liste enthält die Bücher, auf die in diesem Lehrgang Bezug genommen wurde:

Bhajan, Yogi. The Teachings of Yogi Bhajan. Hawthorn Books, New York, 1977.

Bhajan, Yogi. Foods for Health & Healing. Spiritual Community & K.R.I. Publications, Berkeley & Pomona, 1983.

Bhajan, Yogi. Furmaan Khalsa: Poems to Live By. Furmaan Khalsa Publishing Co., Ohio, 1987.

Khalsa. The Man Called the Siri Singh Sahib. Sikh Dharma, California, 1979.

Kaur, Bibi Inderjit. Weight-Loss Diet, a.k.a., The Millet Diet. Bibiji Inderjit Kaur, New Mexico.

Khalsa, Shakti Parwha Kaur. Kundalini Yoga: The Flow of Eternal Power: An Easy Guide to the Yoga of Awareness. Time Capsule Books, California, 1996.

I.
Mantras und Musiktonbänder

Im Folgenden finden Sie eine Liste der Mantras und Musiktonbänder, die für die Meditationen in diesem Lehrgang gebraucht wurden (Bezugsadressen anschließend):

Lehrgang in Espanola

Klasse 1: *Sat Nam* lang gesungen. *Saa* bedeutet totality, infinity – Totalität, Unendlichkeit. Dies ist der erste Klang, mit dem Gott das Universum erschuf. *Ta* bedeutet Leben. Und *Naam* bedeutet Name oder Identität. Dieses Mantra kann dir Himmel und Erde balancieren.

Klasse 2: *Har*. Das Band *Tantric Har* von Simran Kaur Khalsa. *Har* bedeutet wörtlich übersetzt „der kreative Aspekt Gottes."

Klasse 3: *Tantric Har* von Simran Kaur Khalsa – in Stille meditieren.

Klasse 4: Das Mantra, *Har*, wird auf monotone Weise mit dem Band *European Drum* von Matamandir Singh Khalsa im Hintergrund gesungen.

Klasse 5: *Ong Namo Guru Dev Namo* von Nirinjan Kaur und Guru Prem Singh Khalsa.

Klasse 6: Gespielt wurden *The Yogi* und *Gobinday Mukanday* von Matamandir Singh Khalsa aus dem Band *The Yogi in the Court of Guru Ram Das*, das Mantras und Lieder enthält. Katalog Nr. GT Enterprises, MAS020.

Klasse 7: *Gobinday Mukanday* von Matamandir Singh Khalsa, von dem Band *The Yogi in the Court of Guru Ram Das*, Katalog Nr. MAS037 von GT Enterprises.

Klasse 8: *Sounds of the Various Religions*, von dem Band *Bharia Hath* (20. Pauree des Japji Sahib) von Matamandir Singh Khalsa. Erhältlich bei GT Enterprises.

Weitere Erklärung zu diesem Band: Jede Religion basiert auf einem speziellen Klangstrom. Die Art und Weise Gott zu loben oder anzurufen kann jeweils auf eine ganz spezifische Silbe, bzw. auf einen ganz Laut reduziert werden:

Yaa = Yaa-ho-vaah: Jehovah (Judaism)
Haa = Ha-le-lu-jha - Halelujah (Christianity)
Laa = Laa-ay-laa - Allah (Islam)
Raa = Raa-maa - Rama (Hinduism)
Saa = Sat Nam = (Sikh)

Klasse 8 und 9: *Dhuni*

Das Band Dhuni enthält ein Instrumentalstück, das auf einem einseitigen Instrument gespielt wird. Zu seinem Rhythmus fügt sich perfekt das Mantra , Sat Naam, Sat Naam, Sat Naam Ji, Waa-Hay Guroo, Waa-Hay Guroo, Waa-Hay Guroo Ji. Yogi Bhajan sagt über dieses Band, „*Dhuni* ist dasjenige, das die Exzellenz in uns anregt." Katalog Nr. CT130 von GT Enterprises.

Klasse 10: *Reality, Prosperity and Ecstasy*, von Nirinjan Kaur Khalsa, aufgebaut auf einer Affirmation von Yogi Bhajan.
Dhuni.

Klasse 12: Während das Band *Dhuni* gespielt wird, wird im Geiste Sat Naam, Sat Naam, Sat Naam Ji, Waa-Hay Guroo, Waa-Hay Guroo, Waa-Hay Guroo Ji rezitiert.

In der gleichen Klasse wurde auch das Lied *All For You* von dem gleichnamigen Band von Ragu Rai Kaur gespielt.

Klasse 13: *European Drum Tape: Rhythms of Gatka* von Matamandir Singh, dazu wird das Mantra *Har* gesungen. Es ist ein Band mit einem starken, antreibenden Trommelrhythmus. Katalog Nr. MAS021 von GT Enterprises.

Klasse 14: Mit dem Band *Dhuni* wird im Geiste das Mantra Sat Naam, Sat Naam, Sat Naam Ji, Waa-Hay Guroo, Waa-Hay Guroo, Waa-Hay Guroo Ji rezitiert.

Klasse 15: Mit dem Band *Dhuni* wird im Geiste das Mantra Sat Naam, Sat Naam, Sat Naam Ji, Waa-Hay Guroo, Waa-Hay Guroo, Waa-Hay Guroo Ji rezitiert.

Klasse 16: *Aadays Tisai Aadays, Aad Aneel Anaad Anaahat, Jug Jug Ayko Vays.* Dieses Mantra wird fortlaufend monoton gesprochen.

Klasse 18:
Teil 1: *Har Haray Haree Waa-Hay Guroo* wird auf monotone Weise mit einer kurzen Pause nach jeder Silbe sehr genau gesprochen.

Teil 2: *Ardaas Bhayee, Amar Daas Guroo, Amar Daas Guroo, Ardaas Bhayee. Raam Daas Guroo, Raam Daas Guroo, Raam Daas Guroo, Sachee Sahee.*

Die Instrumentalversion dieses Mantras wird gespielt.

Klasse 20: *Wahe Guru, Wahe Guru, Wahe Guru Jio* von Giani Ji.

Die Klassen 11, 19 und 22 hatten keine Meditationen. Bei den Klassen 17 und 21 wurden weder Mantra noch Musik gebraucht.

Kurs in Assisi:

Klasse 1:   *Wahe Guru, Wahe Jio* von Giani Ji
Prabh Joo To Keh Laaj Hamaree von Meister Darshan Singh
European Drum Tape: Rhythms of Gatka von Mata Mandir Singh
Sat Nam, Wahe Guru #3 von Lata Mangeshkar (Die Nachtigall Indiens)
Flowers in the Rain, live gesungen von Gurudass Singh
Birthday Song aus dem Khalsa Way Album von Livtar Singh
Ardas Bhaee aus dem Healing Sounds Album
Every Heartbeat von Nirinjan Kaur
Aquarian March von Nirinjan Kaur

Klasse 2:   *Bharia Hath* – Five Sounds of Religion von Matamandir Singh

Klasse 3:   *Ong Namo Guru Dev Namo* von Nirinjan Kaur
Gurudev Mata von Guru Jiwan Singh

Klasse 4:   *Reality, Prosperity & Ecstasy* von Nirinjan Kaur
Humee Hum Brahm Hum von Nirinjan Kaur
Ong Namo Guru Dev Namo von Nirinjan Kaur

Klasse 5:   *Promises* von Sat Peter Singh
Birthday Song aus dem Khalsa Way Album von Livtar Singh
When *Will / Walk On The Cold Marble Again?* live gesungen von Guru Dass Singh

Klasse 6:   *Bhauta Karam* live von Har Anand Kaur

Klasse 7:   Aykaa Maa-ee von Sangeet Kaur
Wahe Guru, Wahe Jio von Giani Ji

Klasse 8:   *Ardas Bhaee* von dem Healing Sounds-Album
Narayan live von Guru Dass Singh
Bhangara Drums-Band

Klasse 9:   *Aap Sahaaee Hoaa* von Singh Kaur

Klasse 10: Aquarian March von Nirinjan Kaur. Dies ist das *Mantra Sat Siri, Siri Akaal, Siri Akaal Mahaa Akaal, Mahaa Akaal Sat Naam, Akaal Moorat Waa-Hay Guroo.*

Klasse 11: *Asankh Naav Asankh Thaav* live gesungen von Guru Dass Singh
Ardas Bhaee vom Healing Sounds-Album.
Birthday Song aus dem Album Khalsa Way von Livtar Singh

K.
Fünfteilige Meditationsserie, um die Chakras offen zu halten.

Dem Khalsa Council gelehrt am 2. April 1997

Wir müssen lernen, zu durchdringen. Wir müssen lernen, unsere Seele ganz bewußt zur Unendlichkeit zu bringen. Wir müssen diese Übungen machen, um eine Blaupause zu schaffen, so daß, wenn wir auf dieser Blaupause aufbauen, wir wirklich werden.

Nach dieser Serie werdet ihr nicht fähig sein, eine negative Frage zu stellen. Ihr seid im Tempel Gottes. Ihr müßt euch einfach selbst aufladen, um der Übertragung gegen die Hindernisse und die Höhe von Zeit und Raum zu begegnen. Ihr habt zwei Herausforderungen – Zeit und Raum. Ihr und eure Seele sind die zwei schlafenden Kräfte in euch. Wenn die Seele führt und eurem Verstand und eurem Körper hilft, seid ihr erfolgreich.

Teil I:

Mudra: Sitze im Schneidersitz und lege die linke Hand flach auf das Herzzentrum, die Finger zeigen nach rechts, der Daumen ist abgestreckt und zeigt nach oben. Die rechte Hand wird in Höhe des Gesichtes neben der rechten Schulter gehalten. Die Handfläche weist nach vorne, die Finger nach oben. Dann bilde eine Faust aus der rechten Hand und strecke allein den Zeigefinger nach oben. Halte diese Stellung.

Augen: Blicke geradeaus. Blinzle nicht und blicke weder nach rechts noch nach links. Schaue einfach geradeaus.

Atmung: Beiße die Zähne aufeinander und atme kräftig, lang und tief durch die Zähne ein und durch die Nase aus.

Zeit: 11 Minuten.

Ende: Atme tief ein und fahre sogleich mit Teil II fort.

Kommentare/Wirkungen: Ich werde euch das Geheimnis erzählen. Bei dieser Meditation geht der Speichel mit dem Atem. Das wird eurem Blut die Größe geben, seine genetischen Zellen auf das 100.000-fache ihrer Kraft zu laden. Das ist eine sehr reine Wissenschaft. So ist es geschrieben. Atmet ein durch die geschlossenen

Zähne und atmet aus durch die Nasenlöcher, voll und tief. Sie sagen, der Atem soll kraftvoll eingesogen werden. Das stimuliert euer Nervensystem, damit es kraftvoll wird.

Einen Fehler, den ihr während dieser Meditation machen könnt, ist mit den Augen zu blinzeln. Das wird die gesunde Kraft, die dieser *kriya* euch und euren Augen geben soll, schwächen. Ihr müßt Kraft aufwenden, um durch die geschlossenen Zähne zu atmen, so daß das Maximum an Speichel konzentriert und mit eurer Atmung in die Lunge gelangen kann, um euch zu bereichern. Atmet durch die Nasenlöcher aus, so daß alle ererbten Krankheiten euch verlassen.

Nach 6 Minuten werdet ihr in eine Zwielichtzone gelangen, wo ihr körperlich versuchen könntet aufzugeben. Die Essenz eures Selbst wird zu dieser Zeit von eurer Seele abhängen. Habt Glauben, habt Vertrauen. Versteht, daß dies nicht etwas ist, daß wir einfach jetzt entwickelt haben. Es wurde für Jahrhunderte praktiziert und hat seine Resultate bewiesen. Ihr braucht eure Entschlossenheit, euren Willen und euer Pflichtbewußtsein. Leistet bitte keinen Widerstand – seid! Schlagt euch durch.

Nach 7 Minuten wird euer Körper beginnen, heftig zu reagieren. Jetzt wird euer Wille getestet. Das ist normal. Wenn ihr euren eigenen Willen als geeinigt erlebt, dann werdet ihr Gottes Willen verstehen.

Teil 2:

Mudra: Verschränke die Finger der Hände und bilde mit den Händen und Armen über dem Kopf einen Kreis. Der Bogen soll ein Bogen sein, kein Dreieck, kein Quadrat.

Atmung: Bilde mit dem Mund ein „O" und atme durch dieses „O" tief ein und aus.

Zeit: 9 Minuten.

Ende: Atme ein und fahre sogleich mit Teil III fort.

Teil III:

Mudra: Bringe die Handflächen flach aufeinander, die Finger zeigen zur Decke, die Daumen werden in Richtung auf den Körper abgespreizt. lege die Daumenspitzen auf die Seiten, rechts und links unter den Augenbrauen an der Nase. Halte diese Stellung.

Augen: Geschlossen.

Musik: Die Instrumentalversion von *Ardas Bhaee*. Pfeife mit der Melodie.

Zeit: 4 1/2 Minuten.

Ende: Atme ein und fahre sogleich mit Teil IV fort.

Teil IV:

Mudra: Strecke die Arme gerade nach vorne, parallel zum Boden. Die Ellenbogen sind gestreckt, **die rechte Handfläche weist nach oben, die linke nach unten**. Um die richtige Erfahrung zu erreichen, sitze ganz gerade und halte die Schultern angespannt.

Atmung: Atme wie es dir gefällt. In der letzten Minute beginne Feueratem.

Zeit: Insgesamt 3 1/2 Minuten. 2 1/2 Minuten mit langer, tiefer Atmung, die letzte Minute Feueratem.

Ende: Atme tief ein und fahre sogleich mit Teil V fort.

Teil V:

Mudra: Lege die Hände flach auf deine Brust, rechts über links.

Atmung: Beruhige den Atem für etwa 30 Sekunden und dann atme lang und tief so gut es geht für weitere 30 Sekunden.

Zeit: Insgesamt 1 Minute.

Ende: Entspann dich.

Kommentare/Wirkungen: Bei diesem Teil der Meditation lasse Frieden und Ruhe, Seele, Geist und Körper eine Beziehung des ewigen Verbundenseins eingehen. Nach dem Willen Gottes, so geschehe es.

L.
Kontaktadressen

Bis auf den Sat Nam-Versand befinden sich die unten aufgeführten Unternehmen in den USA. Das ist beim Telefonieren, so wie beim Adressieren der schriftlichen Bestellungen zu berücksichtigen.

Ancient Healing Ways. Auf Anruf kostenfreier Katalog
Route 31 Box 259, Espanola, NM 87532
Toll Free: 800-359-2940
Inter'l: 505-747-2860
FAX: 505-747-2868
Liefert Bücher, Audio- und Videobänder, Kräuterrezepturen, Malas, Heiltees und Körperpflegeprodukte nach Rezepten von Yogi Bhajan.

Sat Nam Versand. Auf Anruf kostenfreier Katalog
Freiligrathstr. 14 - 60385 Frankfurt, Germany
Tel::   49-69-43-44-19   FAX:49-69-43-85-71
Liefert Bücher, Audio- und Videobänder, einschließlich der Musik, die während dieser Meditationen Verwendung fand, Heiltees und andere Kräuter- und Körperpflege- produkte sowie Kleidung.

Golden Temple Enterprises. Auf Anruf kostenfreier Katalog
Box 13 Shady Lane, Espanola, NM 87532
Toll Free: 800-829-3970
Inter'l: 505-753-0563   FAX: 505-753-5603
Liefert Video- und Audioaufnahmen des Unterrichts von Yogi Bhajan, einschließlich der Musik, die bei den Meditationen Verwendung fand.

Cherdi Kala Music. Auf Anruf kostenfreier Katalog
1539 S. Shenandoah St., Apt #301, Los Angeles, CA 90035
Phone: & Fax: 310-550-6893
Liefert Musiktonbänder.

IKTYA (International Kundalini Yoga Teachers' Association)
Contact Person: Nam Kaur Khalsa, Executive Director
Route 2, Box 4 Shady Lane, Espanola, NM 87532
Phone: 505-753-0423   FAX: 505-753-5982 Website: www.yogibhajan.com
Organisation der Kundalini Yoga Lehrer. Die Mitgliedschaft schließt die Nennung in dem jährlich herausgegebenen Verzeichnis der Lehrer, sowie Preisnachlaß auf ausgewählte Yoga-Produkte und Zusendung der Zeitung „Kundalini-Rising" mit ein. Die Organisation führt eine Liste der Kundalini Yoga Lehrer, weltweit.

3HO Events
Rt. 2 Box 132-D, Espanola, New Mexico 87532
Toll Free: 888-346-2420
Inter'l: 505-753-6341, ext. 121   FAX: 505-753-1999

Für Fragen nach Information über Winter- und Sommer-Sonnenwende-Zusammenkünfte, Weißes Tantra Yoga Termine in den Vereinigten Staaten, Europa, Mexiko und Kanada sowie über spezielle Ereignisse und Camps.

Deutschland[1]

3H-Organisation Deutschland e.V.
Gemeinnütziger Verein zur Förderung
        des Menschen durch Yoga
Breitenfelder Str. 8
20251 Hamburg
Tel. / Fax: 040 / 479 099
E-Mail: 3HO@iname.com
Homepages: www.yoga.home.pages.cd
                    www.Kundalini-Yoga.de

Europa

3H-Organisation Europe
Den Texstraat 46
1017 ZC Amsterdarn, Niederlande
Tel.: 0031/20/624 1977
Fax: 0031/20/624 22 53

USA

3 HO International Kundalini Yoga
        Teacher Association IKYTA
Route 2 Box 4 Shady Lane
Espanola, N. M. 87532, USA
Tel.: 001/505/7 535 8881
Fax: 001/505/7 535 932
E-Mail: ikyta@3HO.org
Homepages: www.3HO.org
                    www.yogibhajan.com

Kundalini Research Institute (KRI)
Route 2 Box 4 Shady Lane
Espanola, N. M. 87532, USA
Tel.: 001/505/7 530 562
Fax: 001/505/7 535 982

---

[1] Diese Adressen wurden durch den Übersetzer eingefügt.

Glossar

Wir haben dieses Glossar mit verschiedenen Begriffen angehängt, auch wenn nicht alle in diesem Buch Verwendung fanden. Es kann hilfreich sein, wenn sie dir bei einer Kundalini Yoga Klasse, bei einem 3HO-Ereignis oder beim Lesen von Büchern über Kundalini-Yoga bzw. über das Sikh Dharma begegnen.

Adii Shakti. Wörtlich meint es „die Erste Kraft." *Adi* bedeutet „führend" oder „zuerst" und *shakti* bedeutet „Gottes manifestierte Kraft." Der *Adii Shakti* wurde im Orient seit Jahrhunderten Anbetung zuteil als der Göttin. Sie wird als der weibliche Aspekt der Energie des Unendlichen aufgefaßt. Frauen werden als Manifestation dieser Adi Shakti-Energie verstanden.

Agan Granthi. Die Herzzentrumhöhle. Sie ist die Quelle aller feuerverbundenen Aktivitäten, einschließlich der Verdauung und des Atems. Wenn dieses Zentrum blockiert ist, ist der Brustkorb gestört, arbeitet das Zwerchfell nicht korrekt und du verlierst 1/3 deiner Lebenskraft. Das ist der Grund, warum wir im Kundalini-Yoga so viele Meditationen finden, die den Brustkorb und das Herzzentrum öffnen sollen.

Ajna chakra. Das Dritte Auge oder das sechste Chakra ist mit der Hirnanhangsdrüse, der Hypophyse, verbunden. Es wird auch Agia chakra genannt.

Ajwan seed. Oregano-Samen.

Akaall. Unsterblich.

Alkaall Puralkh. Unsterbliches Wesen.

Alkaall Talkhat. Wörtlich „der ewige Thron." Er wurde von Guru Hargobind als der oberste Sitz der religiösen Autorität für Sikhs in Amritsar, Indien, errichtet.

Amrit. Bedeutet spirituell Nektar, wird beim Taufversprechen der Sikhs genommen.

Amritdhari. Einer, der „Amrit" genommen hat und damit in die Khalsa getauft ist.

Amrit Vella. Wörtlich „die ambrosische Zeit." Die dritte Stunde des Tages, 2 1/2 Stunden vor Sonnenaufgang.

Anand. Segen, Ekstase.

Anand Sahib. Eines der täglichen Gebete der Sikhs, komponiert von Guru Amar Das, das den Menschen mit der in ihm verbundenen Ekstase verbindet.

Anandpur Sahib. Der Geburtsort der Khalsa, gelegen in Punjab, Indien.

Ang Sang Wahe Guru. „Gott existiert in jedem Teil von mir."

Arcline: Bogenlinie, einer der 10 Körper des Menschen. Manchmal wurde auf ihn, wie auf den historischen Heiligenschein Bezug genommen. Die Bogenlinie geht von Ohr zu Ohr; sie ist der Sitz der *akash*, des Äthers im Körper. Ihre Farbe variiert mit der Gesundheit und der geistigen und seelischen Verfassung der Person. Frauen haben eine zweite Bogenlinie, die von Brustwarze zu Brustwarze quer über die Brust führt, und die, wie Yogi Bhajan sagt, durch die sexuellen Erfahrungen des Lebens dieser Frau verändert wird.

Anhad. Der Klang aus der Tiefe des Nabelzentrums. *Anhad Shakti* ist der Nabelpunkt. Wenn du vom Nabelzentrum aus sprichst, ist das Wirken aus der Unendlichkeit. Wenn du aus dem Nabel und mit der Spitze der Zunge sprichst, bewirkst du eine Klangbrücke zwischen Nabel und Zungenspitze. Der Verstand muß sich durch die Höhle des Unterbewußten balancieren. Die Balance kommt mit einem angewandten Bewußtsein. Jeder, der mit der Frequenz des Selbst aus dem Anhad, dem Nabelpunkt projiziert, ist in der Lage, die Rhythmologie der Kosmologie des Magnetfeldes der Erde zu beeinflussen. Was gesagt ist, geschieht. Dieses Universum und die anderen Universen erhalten ihre Energie aus der Kraft des widerhallenden Klanges, anhad. Unbegrenzter Klang schwingt und erschafft Licht und erschafft Leben. Anhad ist das Nebenprodukt des Gurmantra, Wahe Guru.

Ardas. Gebet. Das traditionell formelle Gebet der Sikhs.

Asa di Vaar. Dies ist eine Sammlung von Gebeten oder *shabads*, die im Siri Guru Granth Sahib gefunden werden kann. Sie wird traditionell in den Morgenstunden gelesen oder gesungen.

Asan (Asana). Position, Sitz, Yoga-Haltung.

Ashram. Ein Lernzentrum für spirituelles Wachstum.

Atma: Seele.

Aura, Auric Body. Es gibt 7 Chakras (Energiezentren) im Körper und das 8. ist die Aura, das elektromagnetische Feld der Energie, die jedes lebende Wesen umgibt. Eine starke, strahlende Aura kann uns vor vielen Unglücken schützen und unsere geistigen, faßbaren und spirituellen Körper kräftigen. Kundalini-Yoga *kriyas* und *pranayamas* stärken das aurische Feld und steigern die Bewußtheit.

Avtar. Eine Inkarnation Gottes in einem menschlichen Körper.

Baisakhi Day. Für die Sikhs der Tag der Gründung der Khalsa-Gemeinschaft durch Guru Gobind Sing, der am traditionellen Frühlingsfest (Baisakhi) stattfand, indem er zum ersten Mal die Taufe mit Amrit vollzog.

Bana. Die äußere Projektion – meint gewöhnlich die religiöse Kleidung.

Bani. Wörtlich „Wort." Bezieht sich auf das Wort Gottes in den Heiligen Schriften der Sikhs.

Banis. Die täglichen Gebete der Sikhs.

Beads of Truth. Publikationen der 3HO-Stiftung.

Beej Mantra. Sat Naam ist als das „beej" oder „Samen"-Mantra bekannt.

Bekhri. Der Klang, den wir mit der Spitze der Zunge, laut, machen.

Bhagat Ravidas. Name eines indischen Heiligen, dessen Schriften in den Siri Guru Granth Sahib aufgenommen sind.

Bhagwan. Lehrer, Meister.

Bhagautee. Die kreative Kraft des Universums.

Bhai. Bruder.

Bhai Sahib(a). Eine Ehrenbezeichnung, die bedeutet „respektierter Bruder, bzw. Schwester;" im Sikh Dharma der Oberpriester.

Bhakti. Selbstreinigung. Die hingebungsvolle Form des Yoga, die durch einen Bhakta, einen Hingegebenen, praktiziert wird.

Bhat. Minnesänger.

Bheta. Eine Gabe oder Spende im Namen Gottes.

Bir. Der Siri Guru Granth Sahib in einem Buch in Gurmukhi geschrieben.

Black garbanzos. Ein Typ der Kichererbse in schwarzer Farbe, die sehr energetisierend ist.

Brahma. Der Hindu-Gott der Schöpfung, einer der drei primären Manifestationen Gottes.

Brahmgiani. Eine erleuchtete Person.

Buddha. Ein Erleuchteter; Gründer des buddhistischen Glaubens.

Chakra. Ein Energiezentrum des Bewußtseins, das mit den 7 Nervenzentren des Körpers verbunden ist.

Chanani (Chandoa). Bezeichnung für den Baldachin über dem Siri Guru Granth Sahib.

Chapati. Ungesäuertes Fladenbrot.

Charan Japa. Eine Meditation im Gehen.

Chardi kalaa. In erhöhtem Geist.

Chauree. Ein Fächer, der aus Pferdehaar gemacht ist und über dem Siri Guru Granth Sahib geschwenkt wird. Er wird benutzt, um ein positives ätherisches Feld zu erzeugen und ist das Symbol der Herrschaft des Guru.

Chole. Ein geschmackvolles indisches Essen, das traditionell mit Garbanzo-Bohnen (Kichererbsen) und Kartoffeln gekocht wird.

Chunee. Ein bestimmter Kopfschal, der von Frauen getragen wird und gewöhnlich aus Seide oder Seide und Baumwolle ist.

Churidars. Traditionelle indische Beinkleider, die um Knöchel und Waden eng gewickelt und um Schenkel und Hüften weit gewickelt sind.

Darvesh. Bezeichnung für einen asketischen Moslem; einige von ihnen praktizieren ekstatischen Tanz, Wirbeln oder Singen.

Devas. Götter.

Devtas. Engel.

Dharana. Konzentration.

Dharma. Der Pfad des rechtschaffenen Lebens, das Gesetz des Universums, das alle Dinge in Beziehung bringt.

Dhiaan. Meditation.

Fakir. Ein Moslemischer oder hinduistischer religiöser asketischer Priester.

Fingers. Jeder Finger der Hand hat einen speziellen Namen und ist mit einer bestimmten Energie in der yogischen Wissenschaft verknüpft.

Zeigefinger:	Der Jupiterfinger, verbunden mit der Qualität von Wissen und Intuition.
Mittelfinger:	Der Saturfinger, verbunden mit Weisheit, Intelligenz und Geduld.
Ringfinger:	Der Sonnenfinger, verbunden mit dem Körper und der körperlichen Gesundheit.
Kleiner Finger:	Der Merkurfinger, verbunden mit Kommunikation.
Daumen:	Das Es, verbunden mit dem Ego.

Ganesha. Der hinduistische Elefantengott, ein Symbol für Wohlstand.

Garbanzos. Schau bei „schwarze Garbanzos."

Ghee. Gereinigte Butter.

Giaan Mudra. Eine Handhaltung, die in vielen Meditationen des Kundalini-Yoga Verwendung findet: Beuge den Zeigefinger (Jupiter) unter den Daumen und halte die anderen drei Finger gerade gestreckt.

Golden Chain of Teachers or the Golden Link. Die lange Linie der spirituellen Meister, die uns vorausgegangen sind. Wenn wir *„Ong Namo Guru Dev Namo"* singen, stimmen wir uns in den Fluß dieser spirituellen Energie ein und werden eins mit dem Universellen Lehrer.

Golden Temple. Der Harimandir Sahib, der heiligste Sikh-Tempel der Welt, in Amritsar, Indien, gelegen. Der wurde von Guru Ram Das, dem 4. Sikh Guru gegründet. Er ist aus Marmor und Gold gebaut und von einem Teich heilkräftigen Wassers umgeben.

Gootka. Ein kleines Buch, das Gebete aus dem Siri Guru Granth Sahib enthält.

Gopis. Gemahlinnen Krishnas.

Granth. Wörtlich: Knoten; Buch.

Granthee. Jemand, der priesterliche Pflichten in der Gurdwara wahrnimmt.

Gunas. Die drei Aspekte der Materie: sattvaa – reine Essenz (Heiligkeit), raajaas – aktiv, kreativ oder energieauslösend (kaiserlich), und taamaas – Unbeweglichkeit oder Verfall.

Gurbanii. Das Wort des Guru. Bezieht sich insbesondere auf die Worte aus dem Siri Guru Granth Sahib.

Gurbani Kirtan. Hingebungsvolles Singen der Gurbani.

Gurdwara. Gottesdienstplatz der Sikhs; wörtlich, „Tor des Guru."

Gurmukh. Wörtlich: Der, dessen Gesicht stets dem Guru zugewandt ist, dessen Mund stets die Worte des Gurus wiederholt; eine vollendet hingegebene Person.

Gurmukhi. Wörtlich: „Aus des Gurus Mund"; bezieht sich auf die Schrift, in der der Siri Guru Granth Sahib geschrieben ist.

Guru. Der, der uns vom Dunkel ins Licht führt. Wörtlich meint „Gu" die Dunkelheit und „Ru" das Licht. In der Geschichte der Sikhs gibt es eine Folge von 10 Gurus, die sich über einen Zeitraum von 200 Jahren erstreckt. Sie waren:

     1. Sikh Guru: Guru Nanak
     2. Sikh Guru: Guru Angad
     3. Sikh Guru: Guru Amar Das
     4. Sikh Guru: Guru Ram Das
     5. Sikh Guru: Guru Arjan
     6. Sikh Guru: Guru Hargobind
     7. Sikh Guru: Guru Har Rai
     8. Sikh Guru: Guru Har Krishan
     9. Sikh Guru: Guru Teg Bahadur
   10. Sikh Guru: Guru Gobind Singh

Der 10. Guru, Guru Gobind Singh, übertrug die Guruschaft auf den Siri Guru Granth Sahib, der die Schriften lehren und Klangströme der Gurus verkörpert.

Gutka. Eine indische Art kriegerischen Schwertkampfs.

Harimandir Sahib. Bezeichnet den Goldenen Tempel.

Hukarn. Eine Anweisung aus dem Gur.

Hydrotherapy (ishnaan). Ein System der Wasserbehandlung, das im Westen als Hydrotherapie und im Osten als ishnaan bezeichnet wird. Es schließt Baden in kaltem Wasser ein, damit die Kapillaren geöffnet und das System gespült wird, um die Zirkulation zu steigern und die Drüsenfunktion sowie die allgemeine Gesundheit des Körpers zu fördern.

Ida. Der linke Nervenkanal; er hat eine Beziehung zum linken Nasenloch, zur Mondenergie.

Ishnaan. Siehe unter Hydrotherapie.

Isqbal. Manchmal auch Sat Isqbal bezeichnet, eine Mixtur zur Darmreinigung. Sie wird aus einer indischen Pflanzenfaser, den Psyllium-Samen ähnlich, hergestellt und quillt im Darm. So trägt sie zur Austreibung alter Abbauprodukte bei. Man nimmt sie als 3-Tage-Fastenkur, um die Gesundheit, Schönheit und Energie zu steigern.

Jaap Sahib. Ein Gebet, das von Guru Gobind Singh geschrieben ist, das dem Betenden das Bewußtsein seiner Würde gibt; eines der täglichen Gebete der Sikhs.

Jahangir. Ein mongolischer Eroberer Indiens zur Zeit von Guru Arjans Martyrium.

Japji Sahib. Ein Gebet, das von Guru Nanak geschrieben ist und den bewußten Verstand mit der Seele verbindet; eines der täglichen Gebete der Sikhs.

Jetha. Der Name des 4. Gurus, Guru Ram Das, als er Schüler seines Vaters, des 3. Gurus, Guru Amar Das, war.

Jatha. Gruppe.

Ji Bedeutet wörtlich „Seele" und wird als liebevolle Anrede oder als Zeichen des Respekts verwandt.

Jumna. Ein Fluß in Nordindien, der südöstlich vom Himalaja bei Allahabad in den Ganges fließt und 860 Meilen lang ist.

Kaalaa Jeeraa. Ein Gewürz, das dem Kreuzkümmel und dem Kümmel verwandt ist, jedoch dünner und dunkler, bekannt unter dem Namen schwarzer Kreuzkümmel.

Kaam. Verlangen. Eines der fünf Hindernisse auf dem Weg zur Erleuchtung.

Kaamanaa. Verlangen nach höheren Werten. Kaam sollte in kaamanaa verwandelt werden. Du kannst das Verlangen nicht besiegen, aber du kannst das Verlangen in das Streben nach höheren Werten wenden. Du kannst nach Wunschlosigkeit verlangen. Wunschlos zu sein ist ein Verlangen.

Kakaars (5 Kakaars). Die fünf Symbole (die 5 K's), die von den getauften Sikhs getragen werden.

Kaliyug. Das Eisenzeitalter, das Stahlzeitalter, das Zeitalter der Dunkelheit, das gegenwärtige Zeitalter.

Kanga. Ein hölzerner Kamm; eines der 5 K's, das von getauften Sikhs getragen wird.

Kara. Ein Armreif aus Stahl; eines der 5 K's, das von getauften Sikhs getragen wird.

Karma. Das kosmische Gesetz von Ursache und Wirkung, von Aktion und Reaktion.

Kathaa. Spirituelle Auseinandersetzung.

Kesh. Ungeschnittenes Haar, eines der 5 K's, das von getauften Sikhs getragen wird.

Khalsa. Wörtlich bedeutet es „ein Reiner."

Kirtan Sohilla. Eines der Abendgebete der Sikhs.

Khanda. Ein zweischneidiges Schwert.

Kheer. Reispudding.

Kirpan. Ein kleines, einschneidiges Schwert, eines der 5 K's, das von getauften Sikhs getragen wird.

Kriya. Wörtlich: Vollendete Handlung; eine spezielle Yogahaltung oder eine Serie von Haltungen in Verbindung mit einer Atemtechnik und einem Mantra, mit dem Ziel, eine spezielle Wirkung zu erreichen.

Krodh. Ärger. Eines der fünf Hindernisse auf dem Weg zur Erleuchtung.

Kundalini. Kommt von dem Wort „Kundal" und bedeutet soviel wie aufgespulte Energie; das kreative Potential eines Individuums.

Kutcheras. Eine traditionelle, spezielle Baumwollunterwäsche; eines der 5 K's, das von getauften Sikhs getragen wird.

Lakh. 100 000.

Lakshmi. Die Göttin des Geldes, des Glücks und der Fülle. Die himmlische Frau von Narayan.

Lehna. Der Name des 2. Guru, Guru Angad, als er noch Schüler des 1. Guru, Guru Nanak, war.

Lobh. Gier.

Lord Krishna. Ein Avatar, der einer der großen Lehrer in der Goldenen Kette ist, und in menschlicher Form lebte.

Lord Rama. Ein Avatar, eine Inkarnation Gottes, die in menschlicher Form lebte.

Lungar. Freies Essen in Verbindung mit einem Sikh-Gottesdienst.

Mahabharata. Ein klassisches hinduistisches Heldengedicht.

Mahan Tantric. Meister des Weißen Tantra Yoga; ein Titel, der zur Zeit von Yogi Bhajan geführt wird. Er wurde ihm 1971 übertragen. Es gibt jeweils nur einen einzigen Mahan Tantric zur entsprechenden Zeit auf der Erde.

Manmohan version. Eine englische Übersetzung des Siri Guru Granth Sahib, die auch die original Gurmukhi-Schrift enthält.

Maryada. Ehrenkodex, Verfahrensweise.

Masalla. Eine spezielle Mischung von Gewürzen, die gewöhnlich für indische Gerichte Verwendung findet, z.B. auch für Currys.

Master. Eine hochgeehrte Person, die als eine Autorität in seinem oder ihrem Feld angesehen wird.

Maya. Die Illusion der Realität, die durch die sinnliche Erfahrung des Selbst und der uns umgebenden Welt entsteht. Sie wird gewöhnlich als das verstanden, das uns blendet, bzw. davon fortführt, Gott wahrzunehmen.

Mian Mir. Der Sufi-Priester, der mit dem 5. Guru, Guru Arjan, verbunden ist.

Miri/Piri. Die zeitlich spirituelle Balance des Universums. Das Konzept der weltlichen und spirituellen Herrschaft, das von Guru Harbogind eingeführt wurde.

Mound of Mercury. Der fleischige Anteil der Hand unterhalb des kleinen Fingers, der Merkurberg.

Mudra. Eine yogische Handhaltung.

Mukhia Sardarni Sahiba. Titel für einen weiblichen regionalen Priester im Sikh Dharma.

Mukhia Singh Sahib. Titel für einen männlichen regionalen Priester im Sikh Dharma.

Mullah. Ein gelehrter Moslem.

Naad. Der Klangstrom, der innere Klang.

Naam. Die Vibration oder Essenz Gottes, Identität.

Nadi. Energiekanäle, durch die das *prana* fließt.

Narayan. Ein Name für den erhaltenden Aspekt Gottes; Name von Vishnu.

Nintern. Wörtlich „jeden Tag wiederholt"; bezieht sich auf die täglichen Gebete der Sikhs.

"O" breath. Eine spezielle Atemtechnik, die im Kundalini-Yoga gebraucht wird. Man formt mit den Lippen ein „O" und atmet dadurch.

Ojas. Die Flüssigkeit in der Wirbelsäule, die das Rückenmark umgibt.

Ong Namo Guru Dev Namo. Wird übersetzt als „Ich beuge mich vor dem Göttlichen Schöpfer, ich beuge mich vor dem Göttlichen Lehrer im Innern." Dieses Mantra wird stets vor dem Unterricht einer Kundalini-Yoga Klasse gebraucht, um sich gemeinsam einzustimmen.

Oshu. Ein japanischer Titel für einen als heilig respektierten Menschen oder ein spirituell erhabenes Wesen.

Paap. Sünde; wörtlich „das, was einer für sich selbst bekommt".

Panj Piare. Die fünf Geliebten. Historisch sind die fünf Personen gemeint, die als erste Amrit erhielten.

Panth Khalsa. Die geweihten Priester des Sikh Dharma; es bezieht sich jedoch auch auf die allgemeine Gemeinschaft der Khalsa in aller Welt.

Paramatma. Das Höchste Selbst, das Höchste Atma, die Höchste Gottheit.

Parantha. Eine Art indischen Fladenbrotes.

Patanjali. Rishi Patanjali ist der Autor der berühmten Yoga-Lehren, der Yoga Sutras, die er vor Tausenden von Jahren schrieb. Er schrieb das *Push Puran* und sagte das Auftreten von Guru Nanak voraus und rezitierte als erster das Mantra Wahe Guru.

Pauree. Wörtlich „Schritt" bzw. „Leiter". Es bezieht sich auf eine spezielle dichterische Form, die im Siri Guru Granth Sahib Verwendung findet.

Pavan Guru. Das, was das Prana trägt wird „Pavan" genannt – der Atem ist der Guru.

Perheraavaa. Kleidung.

Perkarma of Golden Temple. So werden die Wege genannt, die den Goldenen Tempel umgeben. Sie sind aus Marmor gemacht. Die Menschen laufen darüber, oft als Form des Gebetes oder der Meditation, um sich auf das Eintreten in den Goldenen Tempel vorzubereiten.

Phulkaris. Farbenfroh gewobene Kleidung nach der gleichen Art, wie sie von Guru Nanak getragen wurde.

Pingala. Der rechte Nervenkanal (nadi); er ist verbunden mit dem rechten Nasenloch und führt die Energie der Sonne.

Prakirti. Die Schöpfung, die Kreativität, die Materie, die vom Schöpfer erschaffen wurde. Die Erde ist Prakirti.

Prana. Feinstoffliche Lebensenergie; der eingehende Atem des Lebens, der von Gott gegeben ist.

Pranayam. Ein yogisches System von Atemübungen.

Prashad. Gesegnetes Essen. Bezieht sich auf die süße Speise, die am Ende eines Sikh-Gottesdienstes ausgeteilt wird; ein Geschenk des Guru.

Pratyahar. Einer der 8 Arme des Yoga, wie er in den Yoga-Sutren von Patanjali beschrieben wird. Yogi Bhajan sagt über Pratyahar. „Pratyahar ist die Kontrolle des Verstandes durch das Zurückziehen der Sinne. Die Freude, die ihr wirklich in eurem Leben erfahren wollt, ist in euch. Es gibt nichts exakteres als euch in euch selbst. An dem Tag, an dem ihr euch in euch selbst findet, wird euer Verstand euer sein. Beim Pratyahar bringen wir alles auf Null (shunia), während pranayam alles in die Unendlichkeit bringt."

Purkha. Der Schöpfer.

Pundit. Ein Hindu, der in Bezug auf die Schriften gelehrt ist.

Raaj Yog. Der Königliche Pfad des Yoga.

Raag (Raaga). Ein traditionelles melodisches System der klassischen indischen Musik.

Raajas. Eine der drei Aspekte der Materie – der schöpferische (siehe Guna).

Radha. Geliebte von Lord Krishna.

Rehiras. Eines der täglichen Gebete der Sikhs, das am Abend gebetet wird; steigert die Energie des Wesens.

Rehit. Verhaltensregeln.

Rishi. Erleuchtetes Wesen; Yogi.

Rishi knot. Der Haarknoten, der von den Yogis (rishis) und anderen spirituell Praktizierenden auf dem Kopf getragen wird.

Rukhmani. Die Frau von Lord Krishna.

Saag. Senfsprossen-Curry.

Sach Kandh. Reich der Wahrheit.

Sadhana. Spirituelle Disziplin; das spirituelle Praktizieren jeden Tag zur frühen Morgenstunde.

Sadh Sangat. Wörtlich „Gemeinde der Disziplinierten"; Gemeinschaft der Heiligen.

Sadhu. Eine disziplinierte, spirituelle Person.

Samadhi. Der Zustand des Bewußtseins, bei dem der Verstand frei von Reaktionen auf Gedankenwellen ist.

Samskaras. Verhaltensmuster, die aus vorherigen Leben mitgebracht werden.

Sanchar. Zeremonie.

Sanskrit Sloks. Teil der Struktur des Siri Guru Granth Sahib.

Sant Hazara Singh. Dies ist der Name von Yogi Bhajans spirituellem Lehrer. Er war der vorhergehende Mahan Tantric.

Sanyaasi. Einer der verzichtet.

Sat. Die unendliche Wahrheit.

Sat Naam. „Sat" bedeutet „Wahrheit" und „Naam" bedeutet Name. Es wird manchmal als „Wahrheit ist meine Identität" übersetzt und wenn jemand zu einer anderen Person sagt, „Sat Naam" bedeutet das „deine Wahrheit ist deine Seele."

Sattvic. Ein Zustand der Reinheit; eine der drei Aspekte der Materie – Reinheit (siehe guna).

Seva. Selbstloser Dienst.

Sevadar. Einer, der Seva tut.

Shabad. Klangstrom. Wort Gottes. Bezieht sich auf die Gedichte im Siri Guru Granth Sahib.

Shabad Guru. Der Klang, der dein Bewußtsein transformiert. Der Siri Guru Granth Sahib ist ein Shabad Guru.

Shabad Hazare. Eines der täglichen Sikh-Gebete.

Shakti. Die universelle kreative Energie; die Projektion des Selbst; der weibliche Aspekt Gottes; Gottes manifestierte Kraft; eine Frau.

Shushmanaa. Der zentrale Kanal in der Wirbelsäule.

Shuniaa. Ein Zustand des Bewußtseins, in dem der Übende sein oder ihr Ego auf „Null" bringt. Es ist nicht der Akt der Übergabe, bei dem du deine Energie zur Übergabe einbringst. Sondern wenn du Shuniaa, Null, wirst, dann wird das Eine dich tragen. Es gibt bestimmte Regeln von Mutter Natur. Wenn du deine Hände faltest, wird Gott seine Arme öffnen. Das ist ein natürliches Gesetz. Das erste Prinzip des Lehrers ist, „Ich bin nicht." Die Kraft des Kundalini-Yoga Lehrers liegt in seinem „Null", in seinem *Shuniaa*.

Siddhas. Wesen, die Vollendete sind, Meister. Sie haben die Siddhis erreicht.

Siddhis. Verborgene Kräfte.

Sikh. Sikh bedeutet ein Sucher der Wahrheit und bezieht sich auf diejenigen, die der Sikh-Religion folgen.

Sikh Dharma. Eine lebende Erfahrung der Werte, wie sie im Siri Guru Granth Sahib gelehrt und von den 10 Sikh Gurus erklärt sind.

Simran. Stetige Erinnerung und Wiederholung des Namen Gottes. Ersetze einen negativen Gedanken mit einem positiven als einen meditativen Prozeß.

Siri Guru Granth Sahib. Eine geschriebene Zusammenstellung der Worte der Sikh Gurus genauso von Texten aus dem Hinduismus, Sufismus und von moslemischen Heiligen. Sie sind der Ausdruck im Zustand der Einigung mit Gott erfahrener Wahrheit. Sie sind im *naad* geschrieben, einem erhabenen Klangstrom. Die Ekstase des Bewußtseins wird durch die Schwingungen der Worte – durch den Shabad Guru – übertragen. Weder ein heiliger Text noch die Bibel können den Leser zu einem höheren Bewußtsein führen als diese 1430 Seiten der Poesie. Darum wird der Siri Guru Granth Sahib als der lebende Guru der Sikhs verehrt und als die Verkörperung des Bewußtseins der 10 Gurus geachtet.

Siri Sahib. Schwert.

Siri Singh Sahib. Der Titel, der dem religiösen Führer des Sikh Dharmas in der westlichen Hemisphäre verliehen wurde. Derzeit hat Yogi Bhajan diese Position inne.

Sohung. „Ich bin Gott und Gott ist ich."

Spiritual name. Ein Name, der das spirituelle Ziel, das der Mensch in seinem Leben anstreben sollte, beschreibt.

Subtle body. Der Subtilkörper ist einer der 10 Körper. Es ist der Körper, der die Seele zum Zeitpunkt des Todes zu Gott trägt.

Sukhmani. Peace Lagoon – Lagune des Friedens, ein Gebet, das von Guru Arjan geschrieben ist; Gesang des Friedens.

Sutra. Teil der heiligen Schriften.

Swami. Meister.

Tabouleh. Ein mittelöstlicher Salat, der aus Bulghar[1], Petersilie, Tomaten, Schalotten, Minze, Olivenöl und Zitronensaft gemacht wird.

Taamas. Eine der drei Aspekte der Materie – Unbeweglichkeit oder Zerfall (siehe guna).

Tantric Yoga. Es gibt drei Formen des tantrischen Yogas: Weißes Tantra, Schwarzes Tantra und Rotes Tantra. Weißes Tantra ist eine sehr tiefe, meditative Erfahrung, die in Gruppen von 2 durchgeführt und nur vom Mahan Tantric geleitet wird. In dieser Gruppenmeditation wird eine gewaltige Energie geschaffen. Diese „Lebenskraft-Energie" wird durch den feinstofflichen Körper des Mahan Tantric dirigiert. Das Unterbewußtsein wird erhoben und von versteckten Ängsten,

---

[1] Weizengrieß

Befürchtungen und Beschränkungen gereinigt. Weißes Tantra befähigt dich, diese unterbewußten Blockaden zu durchbrechen, so daß du dich des Lebens erfreuen kannst. Weißes Tantra Yoga sollte nicht mit Rotem oder Schwarzem Tantra durcheinander gebracht werden. Schwarzes Tantra benutzt die Energie, um ein anderes menschliches Wesen zu manipulieren und zu kontrollieren. Rotes Tantra benutzt die Energie ausschließlich für sexuelle Ziele.

Tattvas. Die Elemente Wasser, Erde, Feuer, Luft, Äther, aus denen die ganze Schöpfung einschließlich des Menschen zusammengesetzt ist.

Teerath. Ein heiliger Platz.

Ten bodies. Nach der yogischen Wissenschaft bestehen wir aus 10 Körpern. Sie sind: 1) der Seelenleib, 2) die drei geistigen Körper, der negative Verstand 3) der positive Verstand, 4) der neutrale Verstand, 5) der physische Körper, 6) der Prana-Körper, 7) die Bogenlinie, 8) der Aura-Körper, 9) der feinstoffliche Körper, 10) der Strahlenkörper. Eine gute Erklärung zu diesen 10 Körpern findest du in Kapital 25 des Buches Kundalini-Yoga: The Flow of Eternal Power von Shakti Parwha Kaur Khalsa.

Tenth gate. Das Zentrum des Bewußtseins, oben auf dem Kopf gelegen.

Thaakur. In der hinduistischen Religion ein steinernes Bild; im Sikh Dharma „ein Mächtiger".

Third Eye Point. Ajna, das sechste Zentrum, bzw. sechste Chakra. Es wird mit Weisheit und Intuition verbunden.

Tiaaga. Entsagung, Verzicht.

Traysha Guru. Der Dreifache Guru; die Dreifaltigkeit.

Trinity Herbs. Zwiebeln, Ingwer und Knoblauch.

Trinity of God. Vater, Sohn und Heiliger Geist; Brahma, Vishnu, Mahesh or One who Generates, Organizes or Destroys and Delivers (G-O-D) – einer der erzeugt, organisiert oder zerstört und vollendet.

Turmeric. Ein orange-gelbes Gewürz, von dem gesagt wird, daß es der Gesundheit sehr förderlich ist.

Wahe Guru. Ein Mantra der Ekstase, das die Erhabenheit und Großartigkeit Gottes ausdrückt.

Yogi. Einer, der einen Zustand des Yoga erreicht hat, die Meisterschaft des Selbst. Einer, der die Wissenschaft des Yoga praktiziert.

Wahe Guru. Die Ekstase des Gottbewußtseins.

Wahe Guru Ji Ka Khalsa, Wahe Guru Ji Ki Fateh. „Meine Reinheit gehört Gott, aller Sieg gehört Gott!"

Yam. Yams/Niyams „tu es und laß es"; die ethischen Verhaltensregeln, die von Patanjali gegeben wurden.

Yarmulke. Kopfbedeckung, die von den Mitgliedern jüdischen Glaubens getragen wird.

Vorschläge zur Verbesserung von Inhalt und Layout
sowie Direktbestellungen bitte an:

Dr. Splittstoeßer-Verlag

Fax: 06123 - 99188

E-Mail: buch@telemail-gmbh.de

Telefonische Direktbestellungen bitte unter der

Service-Nummer: 0180 – 5000150

Dieses Buch kann auch über den Buchhandel oder über den

Sat Nam Versand bestellt werden.

Anschrift siehe unter „Kontaktadressen".